工作好修行

聖嚴法師的38則職場智慧

作者——聖嚴法師

編者序

有些人覺得自己的時間完全被工作綁住，無法抽空好好「修行」，認爲修行是悠閒的人才能做的事；有些人則認爲，一旦全心投入修行，便無法專注於「世俗」的工作！其實這兩種態度都是失衡的，因爲修行鍊心最好的方式，就是與他人共事，而工作上所必須具備的奉獻精神與專注於當下的心，更是修行的精髓。

本書正是從佛法修行的角度來探討工作的一本書。閱讀時，不妨讓我們暫且拋開一般人對「好工作」所抱持的刻板印象，諸如考慮薪水高低、福利獎金、公司規模等，讓聖嚴法師帶著我們從另一個更高、更廣的視角出發，以追求自利利他、共同成長爲大前提，與我們分享他對工作的種種智慧洞察。

在這三十八則短篇中，聖嚴法師針對工作的意義、薪水、享受、ＥＱ等一般大眾所關心的主題重新下定義，值得我們細細思量，例如：利他的工作就是好工作；最高的EQ就是抱持慈悲心、同情心、關懷心與歡喜心；薪水不是工作的所有代價，只是代表雇主對我們的感謝；真正的享受是安閒，而身心平安就是最大的享受。

至於如何克服工作中最惱人的壓力，聖嚴法師本著禪的精神，要我們專注於當下，讓心發揮最高效率，並超越自我局限，換個角度看待事情。團隊合作方面，法師則建議我們運用佛教僧團的生活原則「六和敬」，從身體、言語、意念、見解、利益、規則六個面向來實踐。

既然工作占去人生三分之一的時間，何不好好利用當中的人、事與場景來鍛鍊自己，提昇自己的心靈境界，並且利益他人？下回當你聽見朋友即將辭去工作專心修行，或即將進行幾個月的閉關修行時，不需要羨慕，也不必苦惱自己時間不夠。如果能用心體會並活用本書中的智慧，你會驚喜地發現：不僅工作好修行，修行也已在工作中，不再有分別了！

法鼓文化編輯部

目次

第二篇：做事的藝術

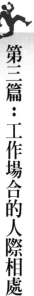

第四篇：團隊的合作法門

第一篇

人生就是要工作

奉獻工作也是菩薩精神

俗話說：「開門七件事」，人沒有錢不能生活，工作所得的薪水可以維持生活所需，而工作本身因此就有了意義。仔細想想，倦怠的問題不在於工作本身，而是工作時與他人接觸過程中所帶來的困擾。過去的農村社會，環境相當單純，日出而作、日落而息，在田裡工作所接觸到的不外是草地、泥土，以及自己所畜養的動物、耕種的植物，而不是形形色色的人。現在的工商社會，不管從事什麼工作，上有上司、下有部屬、左右有同事，遇到的都是人；即使是沒有頂頭上司的老闆，也要與客戶或政府部門互相往來。正因爲人際關係複雜，所以許多人都覺得生活在現代是一件很痛苦的事，不禁羨慕起古人，只要天天種田就好了，不需要面對這麼多令人頭疼的問題。

人和人之間的相處會有問題，是因爲每個人的想法、立場不同，層次也不一樣，所以難免會有衝突、會起摩擦。你可曾想過，對方帶給你麻煩的同時，也許你也給了對方麻煩；對方爲你製造困擾時，你也同樣帶給對方困擾；你覺得無奈，對方也會覺得無奈！這樣不是非常公平合理嗎？

無論從事什麼工作，都是在貢獻一己之力，參與這個社會的運作，不僅僅是爲了領薪水、換取溫飽而已，人人都是在這種情況下生活的。只要仔細觀察就不難發現，我們每天吃飯、穿衣、睡覺、走路，一切的生活資源，都是靠各行各業許許多多的人分工合作，才能確保供應無虞，也是因爲這些人的辛勤工作，我們才能擁有並維持今天的生活環境和條件。

因此，在一個互助合作的社會中，沒有人能單獨依靠自己的力量生活，不管拿不拿薪水，只要有一個人不工作，這個人就會成爲他人的累贅，爲別人製造負擔。在人類社會的合作關係之中，我們自己就是一個組成因素、提供一分力量，所以一個人如果放棄工作，整天無所事事，便是逃避了他的社會責任。

在工作團隊中，有些人智慧高，能力、技術都在水準以上，但是卻和其他人拿一樣的薪水。表面上看，他付出的多卻得到的少，似乎並不公平，可是換個角度想，施比受多正是在造福人群，和其他人結緣。有能力結人緣，奉獻一己之力，不就是菩薩精神嗎？所以，改變思考方向，心裡也就釋然了。如果不想做菩薩也沒有關係，多做一份工作，就多一分奉獻，你在天國、淨土的功德銀行裡，就多了一分儲蓄，存得愈多，福德、福報就愈大，這也是一種工作的所得。

因此，人在社會上，應該要不斷成長，增進自己的能力，再以所知、所能，盡一己之力來爲社會服務，這就是工作的意義所在。只要有機會能讓我們奉獻，我們都應該感到高興。建立服務的觀念，可以幫助我們避免對職業產生厭倦感，也不再無奈；如此一來，相信每天都能工作愉快。

工作自在語

施比受多正是在造福人群，和其他人結緣。有能力結人緣，奉獻一己之力，不就是菩薩精神嗎？

隨順因緣的求職觀

有句話說：「畢業即失業」，就業問題經常是社會新鮮人最大的困擾。在美國，大學生畢業後找不到工作，會向政府貸款繼續讀書，畢業進入職場後，會從薪水裡逐年扣抵償還貸款；若找不到工作，政府也有完善的失業救濟制度。

臺灣目前人浮於事，失業率年年升高，父母親難免會責怪孩子：「別人工作每天早出晚歸，怎麼你整天待在家裡，也不積極地去找工作？」失業的人待在家裡受到奚落，到外頭也要面對他人異樣的眼光。找不到工作令人覺得很痛苦，因而產生自卑。其實不是他們不想找工作，而是找不到適合的工作。特別是一些受了高等教育的人，因為長期處於家庭、學校這些單純的環境中，出了社會以後，面對種種競爭及複雜的關係，往往無法適應，導致他們不斷地換工作，或是乾脆辭職，終日枯坐家中。

有一個大學畢業的男生，已經三年沒有找到工作，他的父母來問我應該如何是好？我告訴他們：「你的孩子身強力壯，可以學做木工、做泥水匠，或是做各式各樣勞力的工作啊！」他的父母不以爲然地說：「那怎麼可以，我的兒子是大學畢業的，怎麼可以做工呢？」我說：「你們的觀念錯了。我在美國認識一位律師的兒子，大學畢業後沒有工作，他就去學做木工，不斷深造進修，手藝愈來愈精湛，最後還成爲木匠學校的老師，專門教學生如何做精緻的工藝，不但備受尊敬，收入也不比一般公務員差。」

大多數人都希望學以致用，但是我也看到許多人畢業後就改行。有一位畢業生，大學時主修法律，結果卻到郵局上班，我很好奇地問他：「學法律的人不是應該當法官、律師或檢察官嗎？」他回答說：「因爲這些執照不容易考取，正好碰到郵政局缺人，而且我一考就考上，所以就去上班了。」像這樣不是也很好嗎？畢業後不要急著精挑細選，有工作就先去做做看，然後一方面留心是不是有其他更適合的工作，再另謀出路。

從佛法的觀點來看，這叫作「隨順因緣」，一切事情都要因緣和合，因緣成熟了，自然能左右逢源，想要的馬上就會得到；因緣還未成熟之前，即使你碰得頭破血流，還是會到處碰壁，找不到好工作。

所以，身爲社會新鮮人的父母與師長，應該輔導他們建立掌握因緣的正確求職心態，幫助他們健康面對就業市場的競爭壓力。

工作自在語

一切事情都要因緣和合，因緣成熟了，自然能左右逢源，想要的馬上就會得到。

為磨鍊自己而工作

青年朋友乍入職場，年紀輕沒有經過磨鍊，比較缺乏耐心和毅力，在工作中一旦遇到挫折，就可能想要逃避，有這種反應其實是正常的。現在的人和過去不一樣，心不容易定下來，造成流動性高，變動頻繁。所以工作變動性大，是非常普遍而且可以理解的現象。

當人們不知道做什麼工作最好時，正反映出對自己的不夠了解，因爲人生沒有一定的方向，做這樣覺得不好、做那樣也覺得不好，做一行怨一行，結果沒有一行是稱心如意的。我在美國認識一位年輕人，他平均三個月換一個工作，而且總是會跑來告訴我換工作的事。他說世界上沒有好工作可以讓他持久做下去，我告訴他：「因爲你不是好人，所以沒有好工作給你。」

他反駁說：「我怎麼不是好人？我很忠誠、努力，一個人可以做兩個人的工作，所以不論到哪裡老闆都欺負我，看我很會做事，就把兩份工作給我一個人做，所以我做一做就走人了。」

我告訴他：「爲什麼人家只做一份工作，你要做兩份？而且你做一做就走掉了，是既不了解自己，又沒有毅力，當然找不到安身立命的地方。」

俗話說：「家家有本難念的經」，不但有難念的經，而且天天都有經要念。若平常遇到困擾，不知道如何解決，卻又不想辦法，久了就會變成死結，卡在那裡了。可是這裡一旦卡住，到另外一個地方也是會卡住。無論逃到哪裡，因爲問題沒有解決，心存逃避，仍然會重蹈覆轍。

在日本，有些公司爲了考驗新進員工的毅力，會要求他們去打禪七。打坐很苦，會腿痛、背痛，坐著不准動又不准講話，心裡是很不舒服的，如果熬不過就跑掉，這種人當然不能錄用，因爲從中可看見他們面對問題時的逃避個性，當然就不錄用。這樣的磨鍊，考驗的是毅力，而不是體力和智慧。

許多公司行號任用新人，都會看新進人員的經歷，第一個工作做什麼？

做多久？第二個工作的情形如何？如果資歷又短又經常更換，很可能就不會被錄用，即使任用了，也不敢把重要的工作交給你，因爲你可能隨時會辭職。老闆不能信任你、重用你，你自己也會覺得工作上沒有前途。

因此，奉勸年輕人：剛開始工作的時候，不管是什麼工作，一定要耐心磨鍊自己，不要只是爲了輕鬆賺錢，而要鍛鍊自己的毅力。就算老闆什麼也不教，還是能學到毅力，一段時間之後再考慮轉換工作，到自己覺得可以發揮長才的地方去。

在求職的路上，我們一定要有毅力、恆心，以及長遠心，只要有了這種心理準備，不管哪個老闆都會器重你，工作必然會穩定。

工作自在語

在求職的路上，我們一定要有毅力、恆心，以及長遠心，只要有了這種心理準備，不管哪個老闆都會器重你，工作必然會穩定。

有利他人的就是好工作

佛法講「正命」，所謂正命是指正當的工作、正當的職業。正當的職業必須符合幾項基本條件：第一，不可對人、對眾生不利。也就是不能傷害他們的生命、利益和財產，也不能損害他人的人格、品德和名譽。這是合乎正命最基本的要求。

第二，必須對自己和他人都有利益，也就是能夠自利利他。現在許多企業家，甚至於一般做小生意的人，都能有這樣的商業道德，因爲他們都了解，如果心胸太狹小，只求自惠自利，不管其他人是否得到利益，生意是做不大的。像有些廣告爲了促銷，賺取個人利益，不斷地宣傳對顧客的優惠，誇大顧客的利益，說得天花亂墜，結果卻是假話連篇，就不符合正命的條件。所以，要眞正地考慮到對顧客的利益，才算是正命。

第三，不考慮自己的利益，只考慮是否對眾生有利益，雖然自己在健康上、財產上都可能有點損害，但是爲了利益眾生，仍然願意把自己的生命、財產奉獻給社會、奉獻給全世界、奉獻給一切的眾生，這叫作菩薩業，是大菩薩的行爲，當然是正命。

所以，不管是三百六十行，或是三千六百行、三萬六千行，行行都可以成爲正命，就看你存心如何？方法及目的如何？有些人誤以爲做一個佛教徒好辛苦，在選擇職業的時候限制比一般人多。其實並非如此，佛教徒能做的工作太多了，只要避免會傷害眾生的職業，其他的全部都能做。傷害人、傷害眾生的職業其實不多，而不傷害眾生、不傷害人的職業卻相當地多，所以選擇的空間還是很寬廣的。

就業時另外還有一些考量：譬如工作中的人、事關係能否勝任？自己的志趣如何？因緣是不是允許這樣的選擇？

有的人非常天眞，認爲選了一個對自己有益的職業以後，對他人也一定有益，但這卻不一定，因爲你的職業可能會讓其他人蒙受損失，因此對職業的選擇還是需要小心。現在報紙上刊登的徵人啓事，你必須要先確切了解工作的眞實屬性，然後再做決定。

我們常說職業沒有貴賤，從佛法來看職業確實如此，職業只有職務的大小，沒有貴賤高低的差別，凡用自己的手、自己的頭腦去工作，任何人的人格都是平等的，職業當然也是平等的。只不過有的人能力比較強，所以職位比較高一點；有的人能力比較差或是福報比較不夠，職位因而差一些、低一點。但是職位低並不等於人格低，也並不等於就是不好，只要我們存著正念行正命，對人對己都是有利的。

工作自在語

職業只有職務的大小，沒有貴賤高低的差別，凡用自己的手、自己的頭腦去工作，任何人的人格都是平等的，職業當然也是平等的。

工作好修行

一般人對修行的認知、想像，大概只停留在打坐、念經、拜佛、閉關、打禪七等行門的修持，這其實只說對了一半。佛法講的修行是要修正和調整我們身、口、意三種行爲。也就是說把我們身體的、語言的、心理的三種行爲，修改一下、修正一下，這就是修行。

修行最要緊的就是隨時隨地保持念頭的清淨，不要存有壞念頭，也不要做壞事、說壞話。它有兩個路徑，一個是修慧，一個是修福。自己煩惱的減少或消解，叫作修慧。誦經、拜佛、懺悔、打坐、拜懺等方法，都可以用來反省自己、改善自己內在的觀念和習氣，以及內在的煩惱，幫助我們增長智慧。

修慧的同時還要修福，就是多幫助其他眾生，其他的眾生是誰呢？就是跟我們在一起生活、工作，跟我們共處在一個大環境之中的人。但是該如何幫助他們呢？用頭腦、體能、時間、財力都可以，幫助人就是一種修行，修的是福報、功德，這種功德可以幫助很多人從貧病苦難之中得到平安、得到快樂、得到幸福。

如果以這個標準或定義來理解修行，其實我們在工作中就可以修行。有句話說：「身在公門好修行」，爲什麼一個人在公家機關，或是做政務官的時候，是最好的修行時機？因爲這是修善、積福、積德的大好機會，如果在法令上、政策上、執行上的方針能夠多動一下頭腦、多說一句恰當的話，就能夠使千萬人得到利益，那就是修行了。

對一般人來說，在自己的工作崗位上認眞負責，工作就是工作，不要一邊工作一邊埋怨、發牢騷，或是一邊指桑罵槐很不滿意，這樣就是敬業、就是修行。反之，如果懈怠草率，做任何事都覺得懶洋洋的，就不是修行了。這與中國人工作的時候講求敬業樂群，跟大家在一起的時候講求同舟共濟是相同的。因此，修行的基本觀念，就是全心全意的投入。

有一次我在日本，有個信眾煮菜給我吃，她說自己是以修行的心煮這道菜，用來供養法師。我聽得滿心歡喜，我告訴她：「這個菜裡面，已經具足了誠懇心、菩提心、恭敬心、供養心，這確實是修行。」

我們做任何事時，如果都投以全心的眞誠，那就是修行，修行與工作原來就是不相牴觸的。當然，我們也可以利用工作之餘，做比較專門的、持續的修行，工作中與工作外的修行應該是相輔相成的。

工作自在語

我們做任何事時，如果都投以全心的真誠，那就是修行，修行與工作原來就是不相牴觸的。

談年輕人創業

受到中國人「寧為雞首，不為牛後」觀念的影響，很多年輕人剛出社會就躍躍欲試，想一圓老闆夢。其實年輕人畢業後馬上創業，無可厚非，像美國的地產大亨川普，早在學校時期便已經開始做生意，投資房地產，後來成為一位非常成功的企業家。他成功的因素除了頭腦好，腦筋動得快、看得準之外，運氣好也是原因之一，因為當時的環境成熟，能夠允許他這樣做。所以，如果因緣許可，而且自己的眼光又準確，能夠一出社會就馬上創業是非常好的事。

但是要成就事業，一定要有自己的資源。資源通常可以分成三部分：第一，聰明才智，也就是自己的能力；第二，社會關係；第三，資本。而剛出社會的年輕人，既沒有社會關係，也沒有資本，僅僅靠頭腦及衝勁就想闖出一番天下，是比較容易產生問題的，應該更加謹慎。

因此，對大多數的人而言，我想還是應該先從公司基層做起，腳踏實地，慢慢地累積經驗及專業知識，直到成爲部門的主管，能夠獨當一面，有足夠的能力、人脈及方法來經營一個事業之後，再考慮出來創業，這樣會比較恰當。有許多老闆就是出身於大公司的管理階層，他們在專業領域中已有多年的相關經驗，並擁有一定的社會關係網絡，具備這些基礎後，再出來創業，是比較安全可靠，也是比較踏實的。

創業時，三種資源不一定需要同時具備，有的人或許沒有資本，可是他有頭腦，也有良好的社會關係，同樣可以闖出一番事業；更甚者，有人什麼都不會，僅僅憑著一股「初生之犢不畏虎」的勇氣就出來創業，也有可能擁有自己的一片天空。

但是這種運氣並非人人都有，佛法中強調因果，個人有個人的福報及因緣，這是由個人在無量過去世所做的功德累積而來，部分在這一生結的果。

福報大的人，進入社會後就能常常遇到貴人及好的時機，可能其他人怎麼做怎麼不順利，換成他卻是一帆風順，處處有貴人相助。不過，這種情形是可遇而不可求的。

所以，如果初出社會的年輕人，沒有豐富的經驗、雄厚的財力，而想和朋友合夥，一起投資做生意時，就必須先詳加考察這個朋友的能力、信譽是否可靠，一旦所有因素都仔細思量過了，就放手去做。如果還是出了問題，那麼也應該釋懷，不要難過，那只是自己的福報不夠、運氣不好，才會不順利。

此時重要的是保持心理平靜，不要著急，事情已經發生了，著急也無濟於事。再者，要打起精神面對問題，也許公司倒閉，讓你不但血本無歸，還背負了一大筆債務，那麼就要負起責任，想辦法償還之後，繼續努力，重新來過，一方面汲取經驗，一方面注意時機。經驗和時機的累積相加，再配合自己的福報，事業一定會成功。

但是如果你每次投資、創業都失敗，做得很辛苦又賺不到錢，不但賺不到錢還賠錢的話，那麼就不要老是想自己當老闆，還是安安分分地找份工作，拿固定的薪水吧！能夠有一個安定的生活也就足夠了。

工作自在語

經驗和時機的累積相加，再配合自己的福報，事業一定會成功。

工作不只是保住飯碗

什麼是現代人應該有的正確、健康的職業道德觀念呢？時下有些年輕人，只把職業當成謀生的飯碗，在這種觀念的影響下，每當有額外工作時，有些人可能會這麼想：「反正我現在飯也夠吃了，衣服也夠穿了，房子也有得住，大不了比別人吃差一點、穿差一點、住差一點，而我也不指望這一輩子能發什麼大財，乾脆休息算了。」因此要他加班，他不願意；能夠少做一點工作，他就盡量少做；逮到休息的機會，他絕不放棄。

另外，有些人則是從十幾、二十歲開始工作，工作二十到二十五年之後，不過四十來歲就退休了。拿了退休金以後，過起退休生活，開始養老。因爲他已經心滿意足，覺得錢已經賺得夠多，生活還過得去，要那麼多錢做什麼？工作對他而言，只是爲了謀生，既然發不了大財，想陞遷也陞不上去，就乾脆提早退休好了。這種心態，也不是健康的工作觀念。

對一個學佛的人而言，工作不僅僅是爲了賺取生活費用，也不是爲了追求名利，或是希望得到他人的讚歎、嘉獎。工作就是工作，工作本身就是自我生命的責任及權利，也正是生命的意義、價值所在。只要活著一天，就要工作一天，否則，這個人活在世界上就跟毛毛蟲一樣，不像個人了。

每個人都有他存在的特殊意義，那就是一種努力奉獻他人的精神。我常常鼓勵許多年屆中年的在家居士，如果物質生活已經沒有困難，應該利用多餘的時間，投身各種公益慈善、社會福利事業的義務工作。付出自己的時間和精力，所得到的是身體及心理的健康；因爲在做義工時，我們不忮不求，不爲了得到什麼，只是單純地奉獻自己。想想看，有那麼多人因爲你做義工而得到好處、得到幫助，這是多麼有價值而令人歡喜的事！

正在工作崗位上努力的人，也應該建立這種觀念，不管有沒有陞遷機會，不管薪水有沒有增加、調整，爲了自己的身心健康，以及爲了服務社會，我們都應該奉獻一己之力，盡心工作。奉獻不能以薪水多寡來衡量，這一份薪水只是工作所得到的一部分回饋，代表的是人家對我們的感謝，工作的代價絕不能以一小時幾塊錢來計算的。

工作的目的只是爲了奉獻、爲了服務，如果能以這種心態來從事任何一項工作，一定可以全心投入、全力以赴，會很歡喜樂意地把每一件來到手上的工作都做得很好！

工作自在語

工作就是工作，工作本身就是自我生命的責任及權利，也正是生命的意義、價值所在。

如何面對中年失業？

最近幾年來，失業率逐年上升，很多人都說與經濟不景氣有關。其實，人力需求減少的因素很多，不一定是因爲公司經營不善，有些是由於公司轉型，從勞力密集的工廠轉型爲自動化生產的方式。此外，臺灣近年來，有很多行業都進行轉投資，把公司的重心遷移到國外或是中國大陸，再加上引進外勞，因此造成本地人力需求減少，類似這種情形，還在繼續惡化當中。

個人一旦面臨失業或減薪，心理與生活的雙重壓力接踵而來，這時候我們應該如何平衡自己的身心？如何維持家庭生活呢？壓力主要不是來自經濟上的問題，而是心理上很難平衡。試想被解雇或是被迫提早退休後，即使再度就業，想要得到比原來更高的職位，或是保持像原來職務那樣的地位和薪水，可能不容易，這時心理的調適就相當重要。

事實上，遇到失業這種事時，徒然難過是沒有用的，只有接受既成的事實，才可能進而調整自己的心態：只要還能夠活下去，好好地過日子，也就心滿意足了。今天這個世界，大概找不到人類無法存活的社會環境，特別是臺灣社會，只要勤勉便有工作。不管是什麼樣的工作，以你的勞力、頭腦以及技術來換取生活費、維持生活，不要太在意過去、現在的差別。

如果孩子都已經長大成人，經濟上不再那麼窘迫，家庭生活需求也不用愁了，這時對就業的第二春顯得意興闌珊，那麼，還有另外一件事情可以考慮去做，那就是做義工。

做義工就是到非營利事業機構去做義務的工作，譬如我們法鼓山就需要各式各樣的義工來服務。義工在這裡可分為兩種，一種是專職義工，全天候、全時間的服務，像普通工作者一樣上下班，一樣負責某一部分或是某一個項目的工作，和一般公司機關的受薪人員沒有什麼兩樣，所不同的只是不領薪水。另外一種是在一個月、一星期之中撥出幾天，或是一天之中來工作幾個小時，同樣是義務性質、發心奉獻、不領薪水的。法鼓山體系需要很多這樣的義工，我們很高興、很感恩，目前已經有不少人參與。

許多人在退休後整天無所事事，日子過得百無聊賴，覺得自己好像是個廢物、沒有用，感到失去生命的意義及價值；做義工，能夠使人保持身體健康，覺得自己對社會還是很有貢獻，會很有成就感，生活過得非常充實、非常有意義，特別是心態上，做義工要比受薪的感覺更愉快。

所以，我鼓勵中年失業的人，不要輕易沮喪絕望，如果仍然需要工作，那麼便去找一份工作，只要足夠維持生活就可以了；如果不需要工作收入，可以選擇到法鼓山，或是其他非營利事業單位做義工，生活還是可以經營得相當精采。

工作自在語

做義工，能夠使人保持身體健康，覺得自己對社會還是很有貢獻，會很有成就感。

第二篇

做事的藝術

委屈求全算不算無我？

我有一個朋友，某天受到家人一致地指責，他爲了顧全家庭裡的和諧，內心裡雖然波濤洶湧，可是表面上仍然非常平靜地完成了工作。事後他告訴大家說，他覺得自己不爲自己想、不爲自己考慮，已達到了「無我」的境界，可是家人卻不以爲然，對他毫不感激。這種情形，也常發生在傳統大家庭裡的媳婦身上。

在一個公司、團體裡，也常有人扮演這類角色，他很愛護這個公司、團體，爲了整個公司設想，他會犧牲小我，完成大我。所謂犧牲也就是委屈自己，成全大眾。

這些人都認爲如果自己受委屈而能使得整個家庭，或整個團體、公司能夠平安、和諧，這樣的犧牲終究還是值得的，並且也是一種無我的表現。但是委屈求全就一定好嗎？委屈求全就一定是無我嗎？如果委屈而不能使得大家和諧，那麼這個委屈是不必要的。如果自己委屈一點、姿勢低一點、吃虧一點，也就是付出多一些，大家因此能夠覺得很快樂，那麼這個人就會得到讚歎。

然而這樣並不算是無我。無我並不在於外在的看法，雖然這個人很好，可以爲了全體委屈自己，這種不爲私利而只爲公益設想，應該說是爲大我而放棄小我，是不在乎自己的小我而成就大我，但這還不叫作無我。

還有一種委屈求全，其實是有自己的打算，也就是有目的、有企圖的，所謂「媳婦熬成婆」，之後就開始有自己的權力了。還在做媳婦的時候，是「人在屋簷下，不敢不低頭」，但知道低這個頭是值得的，因爲過了幾年，老人家過世了，小姑也會嫁人，自己漸漸就會成爲家庭裡的負責人。這樣做沒有什麼不好，但不能算是無我，而且這個「小我」還滿堅固的。

以上這兩者都不是無我，一個只是有一點點大我，另外一個是有企圖、有期待的，根本還是個「我」，家庭裡有這樣的人並沒有什麼不好，至少他識大體，但還不到無我的境界。

另外還有一種人，認爲無我就是什麼都無所謂，其實那是一種不認眞的想法，這種人很可能眼高手低，用一種有我沒我都沒關係的態度，來掩飾自己的缺點，這樣當然也不是眞正的無我。

佛法講的「無我」是自我消融，完全沒有考慮到自己的問題，也沒有考慮到外在環境是不是對我有什麼樣的讚歎、榮譽、肯定，完全不考慮「我」的立場，就只是無怨無悔地無條件付出，這種做事時認眞投入，事後卻如船過水無痕般的態度，才是無我的境界。

工作自在語

做事時認真投入，事後卻如船過水無痕般的態度，才是無我的境界。

忙得快樂，累得歡喜

我常勉勵人：「忙、忙、忙，忙得好快樂；累、累、累，累得很歡喜。」然而，因為大部分的人都不知道是為什麼而忙，也不知道為何而累，所以往往在繁忙當中，就會感受到心理壓力，疲累的時候，便覺得煩躁不已，累得無聊、忙得苦惱，反而成了「忙、忙、忙，忙得要死；累、累、累，累得要命」。

當我們能夠體驗到時間寶貴、生命有限，知道的太少，需要成長的太多時，我們就會好好運用這個有限的生命，來做無限的功德。生命的確有限，我也常感覺不久前才是個小小孩，一轉眼間就老了，現在每當有人問我多大年紀，我就告訴他們：「快了、快了！」所謂「快了」，就是快要死了。我現在快八十歲了，什麼時候會走我不知道，但我相信人生不會再有另一個五十歲、六十歲。

佛經裡有這麼一個偈子：「是日已過，命亦隨減，如少水魚，斯有何樂？」譯成白話就是：「今天一天又過去了，我們的生命也隨著減少，就像是魚在淺水池塘裡，隨時隨地都準備面對死亡，還有什麼好快樂的？」正因爲生命是如此有限，就是想多活一點也由不得自己，因此才要好好地運用，不斷地充實我們的智慧、充實我們的福德。

佛教徒相信這一生是從過去生來的，而且這一生結束之後，還有未來的生命。我們這一生已經夠麻煩、夠辛苦的，既然好不容易生而爲人，那麼就應該善加把握，多做功德，儲蓄智慧和福德的財產，以求未來會比現在更好。

這就好像告訴我們，要趁年輕的時候，努力工作，多賺錢多儲蓄，才能有養老的本錢，老本愈多，年老的時候就愈有保障。所以，我們必須充分利用時間，奉獻自己、幫助他人、服務他人、照顧他人、關懷社會。我常說：

「忙人時間最多，勤勞健康最好」，忙碌的人因爲珍惜時間，就會善用時間，反而會有時間。一個勤勞的人，身體健康一定良好。若希望自己活得健康快樂，就應該忙，希望在人生過程中，多儲蓄福德和智慧，更需要忙。

雖然有時看起來好像不是爲了自己而忙，所謂「爲誰辛苦，爲誰忙」，乍看好像忙得很冤枉、很不值得，彷佛是白忙一場。以佛教的觀念來說，這種想法並不正確，我們的觀念是：忙是爲自己忙。即使你的這一生在他人眼中看來什麼也沒得到，但還是得到了功德，這是智慧以及福德的功德，在忙於工作的過程中，本身也得到了成長，絕非毫無價値。

有了這種觀念，忙碌的人會忙得很快樂、累得很歡喜，就像是種田的農夫，感謝有田地可種，工作的人也會感恩有這個機會、這種因緣讓他忙、讓他累。

如果錢已經夠用了，擁有汽車洋房，物質不虞匱乏，一切都順心如意，不妨到法鼓山來做義工，整理環境、做接待、做關懷，你一定會享受到「忙、忙、忙，忙得好快樂；累、累、累，累得很歡喜」的滋味。

工作自在語

忙是為自己忙。即使你的這一生在他人眼中看來什麼也沒得到，但還是得到了功德，這是智慧以及福德的功德，在忙於工作的過程中，本身也得到了成長，絕非毫無價值。

跟壓力說再見

我們做事情要有效率，但並不是急著追求效率，面對工作的態度是「要趕不要急」。在可利用的時間之內，衡量自己的能力，能做多少就做多少。以這種心情來處理事情，就不會有太大的負擔，因爲著急沒有用，憂慮、擔心、恐懼不僅無濟於事，反而給自己造成更大的壓力。

趕時間時，常會使我們的肌肉和心情緊張，要練習放鬆心情，學習「把生活當成趣味的工作，把工作當做趣味的生活」，享受工作、享受生活，感覺這是一件非常愉快的事，在心情上自然會比較放鬆，就不會緊張，也就沒有壓力了。

此外，對自我設定的標準太高，也會讓自己感受到壓力，但要學習如何放鬆地面對，踏實地完成。例如，也常常有人要求我在期限內完成某項工作，但我不會覺得那是壓力，而視爲對自我的期許，所以什麼時候做、如何完成，都是我個人的事，是自己可以控制的；我也不擔心是不是做不完，因爲擔心是多餘的。就像火車沿著軌道前進，如果以一定的速度前進，一定可以到達目的地，如果突然有輛卡車誤闖平交道，撞上了火車，那麼這是意外，是沒辦法的事。所以事先擔心也沒有用，就因爲不擔心，也就能夠事事安心了。

如何紓解工作的壓力，重要的是，事前要有計畫，對自我的能力，也要有自知之明，不要打腫臉充胖子。如果自己的能力不夠，知識學養不足，卻有過高的自我期許，承接無法完成的工作，這就自討苦吃了。譬如說，我很希望做個一百分的法師，但是自己的能力只有六十分，即使盡心盡力去做，結果可能還是不及格，那也沒關係，因爲這不是我要不要做的問題，而是我做不到。所以，適宜的自我期許是一件好事，這種壓力會促使我們有更好的表現，但是假使能力不夠，完成不了，也不要強求或自責。

明白了這些道理後，就應該會減少很多壓力。可是人性本來就容易患得患失，就怕失敗、怕趕不上進度、怕明天會發生不可預知的事情，因此沒有安全感，心也無法安定。事實上，在世間，我們不能操控的事情實在太多了，例如，命運往往是無法掌控的，連下一步會發生什麼事都不知道，更不用說明天了。所以，不要爲未知的事情擔心，放下妄想和憂心，專注於正在做的事情，只要盡力而爲，試著把事情做好，相信一定可以減輕壓力。

如果壓力產生了又該如何呢？這時候應該先把事情擺在一旁，放鬆頭腦及身體，休息一下，否則愈急、愈忙，壓力就愈重。如果碰到事情是沒辦法等、無法放下的，就應該試著改變想法，譬如說，忙得天翻地覆時，可以試著逆向思考：「我從來沒有這麼忙過呢！這倒是一個全新的經驗，挺好玩的，忙得很有意思。」

僅僅是觀念的改變，有時就可以使心情煥然一新，用不同的角度來欣賞工作中的忙碌，其實就可以跟壓力說再見。

工作自在語

忙得天翻地覆時，可以試著逆向思考：「我從來沒有這麼忙過呢！這倒是一個全新的經驗，挺好玩的，忙得很有意思。」

工作要趕不要急

我常說：「工作要趕而不急」，就是工作要有效率，雖然速度要快、進度要趕，但是工作的態度及心情不能著急。有人看到這句話，覺得是我在唱高調，認爲這是無法做到的事。其實只要有心嘗試，經常練習把心情轉化得非常平順、愉快、緩和、不緊張，這是可以做到的。

當然，放輕鬆並非遊手好閒、無所事事。生活當然要有目標，工作也要有計畫，而且要有實現的決心。人既然需要生活，就一定有許多工作項目等著去完成，何況，人之所以爲人，一定要確立生活的目標與計畫，要有所謂的生涯規畫。

人生的責任有很多，在人與人、人與社會、人與自然的關係中，都有很多的責任要擔負，需要做的事情也就相對增多。每天除了固定的功課及工作行程，也就是除了應該做的經常性工作之外，一定會有很多其他臨時發生的事情，分割你原有的時間。因爲一般人不可能像魯賓遜一樣，孤獨地生活在海島上，即使是一個人漂流在孤島，也有他獨特的生活方式，有他要面對的問題。

所以，人不可能離開工作，而且愈是有理想，愈是對生活抱持積極態度的人，工作愈是做不完。但是，你還要有本事活得很愉快，否則，這個人需要你照顧、那個人需要你關懷；這件事要馬上處理、那件事也要在時限之內完成，你就會手忙腳亂，過得非常緊張。

我們可以選擇不要被工作驅使，做任何事情前都要分出輕重緩急、大小內外，先處理好近的、急的、重要的，然後再做其他的事情。雖然目標要遠大，可是開始動手的時候，要由近處、小處著手，想要把千頭萬緒在同一個時間內理清，這只是貪念罷了。

以讀書爲例，我每天要讀的書很多，除了佛學的書之外，古代的書、現代的書、中文、外文，要看的實在太多了，這輩子大概是讀不完了，怎麼辦呢？急著要看，馬上非看不可的，我就先看，看的方法也有不同，有的只是走馬看花看過一遍，有的就必須要詳細地看，端視情況調整。

吃東西的時候也是一樣，看到好吃的東西，大部分的人會想要每樣都嘗一下，這時就要有自制能力，看一看、想一想，哪一樣東西最適合我們吃的就先吃，哪一樣東西只是想吃，但不一定需要吃，就暫時不吃，如此一來，心情就緩和下來了。

一個人只有兩個眼睛、兩個耳朵、兩隻手、兩隻腳，想要同時完成許多工作是不可能的，因此，一定要按部就班，有次序地安排好、計畫好，一樣一樣地完成，如果能夠這麼做，你的心裡就不會著急，工作速度一定很快，卻又能保持從容不迫的心情。

工作自在語

我們可以選擇不要被工作驅使，做任何事情前都要分出輕重緩急、大小內外，先處理好近的、急的、重要的，然後再做其他的事情。

工作與心安

有些人在平常時候，心還可以比較安定，但是只要到了工作場所，心就開始不安了。在工作環境裡之所以心不安，可能是你根本不喜歡那份工作，也可能工作太繁重，或同事帶給你困擾、你那天心情不好，也可能早上起來有點感冒受涼，到辦公室後昏昏沉沉的，可能的原因很多，若能找出癥結，問題就比較好處理。

如果是上班前剛跟先生吵了架，這就很容易解決，只要想：既然現在先生不在這裡，不需要把家裡的壓力帶到辦公室來。如果是感冒引起心浮氣躁，頭腦、胃都不舒服，眼澀背疼，整體表現很差，這時候更不必難過，要知道身體不好時本來就是會這樣，不必勉強，可以念阿彌陀佛聖號來安定身心，或是心平氣和地告訴自己：我現在感冒不舒服，只要盡心盡力就好，接受身體不舒服的現況，心情也就不會那麼不安了。

如果原因是跟同事發生不愉快，你就想：他大概身體不舒服吧！也許今天跟家人發生了不愉快，或是他有心事，也可能是工作得不很順利，所以給我臉色看；或是這個人性格一向如此，只要碰到他，就令人不舒服。明白這是客觀環境的問題，不是我的問題，心裡還會不安嗎？

其實，工作裡很多的壓力主要來自對彼此的「要求」，我們要求別人，給別人造成壓力，別人也要求我們，對我們構成壓力。另一個原因就是「比較」的心態，同事之間的比較以及企業之間的競爭。如果團隊不能表現得特別好，在激烈的競爭裡就可能會落敗。我們經常看到景氣不好時，很多企業面臨生存的掙扎，競爭壓力非常大。

在這樣的工作場域，如何追求心安呢？一個是盡其在我，自己努力成長，要非常用心了解、熟悉整個工作環境和內容，然後才能熟能生巧。與他人相處也一樣，別人不了解你，你就去了解對方。若自己是老闆，更要明白商場就像戰場，情況瞬息萬變，接受商場中的無常。

我們心裡隨時準備迎接挑戰也迎接挫折，並且隨時迎接成長。挫折和成長是相輔相成的，挑戰不一定是壞事，挫折也不一定不好，即使連連受到挫折，也不要認爲是負面的事，它換取了經驗，也等於是繳了學費。如果汲取經驗之後還是沒有辦法解決問題，只好接受自己的因緣福德不足的事實。

看到別人有機會，但是當自己跟上去的時候，機會就沒有了；跟人家打球時，還在想這個球我要不要接？結果球一下子就被別人接走了。面對這種情形，有的人就怪自己笨，手腳、頭腦反應慢。若是先天如此，那就考慮改行，改行就是找新的路走，嘗試換一個位置、崗位。然而有的人卻不管青紅皂白，只顧一頭闖進去，闖得頭破血流、拚得你死我活，到最後不成功便成仁，這種只進不退的魯莽脾氣，眞是愚癡。

所以，我們要了解自己的才能，知道自己所處的因緣、時間、環境，是不是我應該做、能夠做的？能夠清楚自己、了解自己，也就是了解因緣，便能在工作中安心。

工作自在語

了解自己的才能，知道自己所處的因緣、時間、環境，是不是我應該做、能夠做的？能夠清楚自己、了解自己，也就是了解因緣，便能在工作中安心。

人該懶散還是精進？

很多人認爲現代人之所以心裡不安，是因爲生活太緊張，同時物質欲望太高，以致於每天忙碌追求、身心勞頓。長期生活在這種物欲和緊張當中，心靈當然難以平靜。

英國文學家也是哲學家羅素，曾提出「懶散論」加以對治，他認爲地球的資源是有限的，如果人們太勤勞、太追逐物欲的享受，當我們把這些資源都用盡的話，很可能就會影響到後代子孫的生活。所以他提倡：人們應該稍微懶散一點、簡單一點，更加重視精神的享受，人生才會過得好一點。

佛法則是勉勵人要精進，但是也強調人生就像琴弦一樣，不能太緊也不能太鬆，太緊聲音太剛不好聽，而且可能一彈就斷；卻也不能太鬆，太鬆就彈不出聲音，所以要調得恰到好處，不柔、不剛、不緊、不鬆，持之以衡，這就是佛教「調琴論」所說的精進。

人生也是一樣，羅素的「懶散論」，應該是用於那些有工作狂的人身上，他們爲了名利地位而拚命追求不停，總是永遠不滿足、生活得很痛苦，這樣的人實在是自己痛苦，也讓別人跟著痛苦。

從資源消耗的角度來講，我並不認爲是因爲人們的努力，才使得地球資源愈來愈少，而是因爲人們不知道怎樣運用資源，爲了自己生活上的便利或生活享受，就任意破壞自然、傷害自然。

人的生活不能太緊張，我在帶領禪修的時候，一定是先教放鬆身心，身心放鬆之後，做任何事都可以不慌不忙而循序漸進。但我倒並不一定贊成「懶散論」，我贊成的是人要有點時間悠閒，適度的放鬆，像「悠然見南山」這種心情就很好。但這並不是一天到晚睡覺不做事，而是偶爾欣賞南山的風光，然而日出而作、日落而息的耕作生活，還是照常進行，並沒有懶散，這是過去田園生活的享受。

現在的都市人，也同樣需要調劑自己的生活。所謂的調劑，就是當工作告一段落的時候，必須轉換一下，不要同一個工作一直勉強做下去。我經常提醒大家反省：「可不可以不要每天賺錢？是不是也可以有一天、兩天做一些不爲錢、不爲名的事？」雖然身體一樣在勞動，但是心境不一樣，感受也不一樣，這就是生活的調劑。

法鼓山的團體有上萬位義工不斷地在付出，利用他們的假期、生活的空閒來奉獻，做得很愉快，同樣是日以繼夜，可是跟平常爲了賺錢、追求名利的心情完全不一樣。所以心情的調適，能使得一個人的觀念或是感受完全轉變，這不是靠懶散來做調劑的。

轉換工作環境，或是換一種心情，調劑一下自己的身心，不一定要懶散，同樣可以獲得身心休息的效果，這種不緊不鬆的態度，才是恰到好處的生活。

工作自在語

轉換工作環境，或是換一種心情，調劑一下自己的身心，不一定要懶散，同樣可以獲得身心休息的效果，這種不緊不鬆的態度，才是恰到好處的生活。

工作與休閒

近年來有些提倡重視休閒生活的人士認爲，不要因過度認眞、全神貫注於工作，就像用生命去換取金錢，因此而失掉了身心的平安。我們確實在社會上看到有兩種人，一種是貪得無厭，希望追求成功再成功，希望賺錢再賺錢，欲望將會無限擴大；一種則是對工作沒有企圖心、上進心，只重視自己的生活。

但我們要試著釐清，有的人得少爲足，有的人知足常樂，這兩者是不一樣的。得少爲足是得到一點點就以爲已經夠了，知足常樂是多也知足少也知足，能多得很好，少得一點也很好，不要讓自己痛苦，也不讓他人受到損害，這就叫知足常樂，而不是得少爲足。

得少爲足是不求上進，譬如今天看了一本工作專業的書，看完以後就完全不看其他的書了，這樣是不行的，因爲有的書可以看快一點，有的書要看慢一點，不能說看一本就夠了，透過閱讀增長工作上的專業知識和能力是永無止境的。

一個人如果拚命賺錢，不擇手段地追求成功與財富而沒有限度，一心一意只希望能夠變成地方上的首富、區域性的首富、國家的首富、世界的首富，這樣欲望就沒有止境了。追求這樣的夢想是很痛苦的，也會非常緊張，因爲得到以後又怕失去，失去後又想把它抓回來，有點像是賭徒，希望把人家口袋裡的錢全部變成自己的，輸了希望能贏，贏了希望再贏，永遠不滿足。

想要獲得愉快的生活，必須要能夠懂得知足，這樣就能知足常樂。而我們也要知道如何適度地享受悠閒，每天要有適度的空間，讓頭腦能夠休息放鬆。

有些人頭腦休息，但是身體還是可以運動，不過如果是身體休息、頭腦沒有休息，那就不算是休閒了，必須要放鬆頭腦，讓腦神經休息、身體神經休息。譬如喝茶時享受那種淡淡的輕鬆氣氛，或者和朋友天南地北不需要花太多心思地談談天，讓頭腦、身體都放鬆。

休閒也並不等於睡覺，西方人喜歡去咖啡座，他們不是在那裡睡覺，而是在享受那份悠閒，這時候頭腦是輕鬆的，身體並不是在睡覺，所以這不是偷懶，而是在調整自己的身心步調。

中國人也有一些人喜歡附庸風雅，常常坐在茶館裡喝茶，一喝就好幾個小時。悠閒要恰到好處，長時間泡在茶館裡，那就是無聊了。中國大陸過去有些人習慣提著鳥籠，整天就是白天蹓鳥、泡茶館，晚上回去睡覺，這對社會來講，其實是很浪費的。或者有些人則是工作的時候拚命工作，喝茶的時候拚命喝茶，這都是需要調整的。我們應當學習有些人的工作與休閒態度，亦即可以悠悠閒閒地生活，但是工作的時候還是很努力地工作。

工作自在語

想要獲得愉快的生活，必須要能夠懂得知足，這樣就能知足常樂。

爭取時間，活在當下

在競爭激烈、分秒必爭的壓力下，時間對現代人的重要性相對提昇。但在不穩定的環境中，突發情況日益增多，受到內在和外在因素的相互干擾，時間被分割得支離破碎，無形中，使我們感受到更大的壓力。

現代人的生活和二、三百年前大不相同，過去的人頭腦單純，讀書人滿腦子四書五經、古代歷史，其他人頂多知道一些當地的小事情，能活上幾十年，他們就覺得相當長了。但是對現代人來說，總覺得時間太短，因爲現在傳播媒介多樣化，經由報紙、電視廣播、網路等媒體，全球每天發生大大小小的事情，我們都能在最短的時間內獲知，成爲我們知識和資訊的一部分，新事物不斷增多，現象層出不窮，永遠看不完、學不完，感覺上環境愈來愈小，接觸的層面愈來愈複雜，時間卻永遠不夠支配。

此外，資訊爆炸的結果，使我們的頭腦充斥著各式各樣的人、事、物，令人應接不暇。本來知識愈豐富，觀察力愈敏銳，應該更能夠做出正確的判斷，其實不然，這些不相干的資訊，在思考與行動時，反而成爲干擾，導致猶豫困惑，不知該如何決定，如此一來，又浪費許多寶貴的時間。尤其是處理切身問題時，例如職業的選擇，乃至於交往對象等，常常是當局者迷，很難做出適當的選擇，在時間緊迫的情況下，反而倉促下決定，抱著碰運氣試試看的心態。

所以，在時間的運用上我們有許多功課要學習，幾乎每一個人都是忙人，即使是沒有工作的人也有日常的瑣事要忙，每個人不但身體忙，頭腦也忙得不可開交，時間當然不夠用。

我曾經提出一種理念：「忙人時間最多」，也就是說，我們盡量在有限的時間內，恰到好處地運用，而不浪費時間。即使從早到晚必須分秒必爭，也要爭得恰到好處。

譬如遇到塞車時，車子陷在車陣中動彈不得，要怎麼爭取時間呢？這時候，你還有頭腦的空間可以爭取，反正已經困在車陣中了，焦急也沒有用，正好利用這個時間好好放鬆身體，讓頭腦得到充分的休息。有些人缺乏這種觀念，不但心裡著急，更糟糕的是怒氣沖沖影響情緒，這是何苦呢？既然連塞車的時間也可以好好運用，我們更應該利用所有能夠運用的時間，即使是在最忙碌的時候。

禪法教導我們要活在當下、承擔責任，這可以說是時間管理的另一種詮釋，「當下」就是最好的時段，保持頭腦清楚，好好地欣賞它、享受它、運用它，這是最合算的。也就是說，吃飯的時候專心吃飯，不要胡思亂想；看書的時候，腦海裡就不要圍繞著連續劇情節打轉；與別人談話，要注意對方在說些什麼，不要分心想著剛剛看過的電影，否則同樣的話講了兩遍，你還聽不清楚，要求他再重複一遍，不但浪費彼此的時間，也是對人不尊重、不禮貌。

儘管要爭取時間、活在當下，還是要找出時間休息，否則身體會負荷不了。唯有如此，我們才會覺得有充分的時間，而且還能活得很精采、很有意義。

工作自在語

禪法教導我們要活在當下、承擔責任，這可以說是時間管理的另一種詮釋，「當下」就是最好的時段，保持頭腦清楚，好好地欣賞它、享受它、運用它，這是最合算的。

盡心、盡力、盡可能學習

每一個人都需要工作，即使是才剛剛懂事的兒童也不例外，許多有教養觀念的父母都會訓練兒童工作，這種精神很值得提倡，螞蟻、蜜蜂尚且勤奮工作，更何況是人呢？

因此人在還沒有老到身體不能動之前，一定要有事情做，即使沒有工作、不爲自己、不爲賺錢，也應該利用時間來做義工，服務社會大眾。有些人在退休後，突然之間失去生活重心，健康也跟著亮起紅燈，百病叢生、萬念俱灰，工作對人身心健康的重要性由此可知。

工作就是活動！要動才能活，活了才能夠動，但是這個動不是輕舉妄動，而是有一定的規則、目標和方向的動。很多人工作起來雜亂無章，把原本簡單的事情變得繁雜不堪；有智慧的人做事有條不紊，能夠抽絲剝繭，把原本困難的事情處理得清清楚楚。事情本來就有本末始終、輕重緩急，如果能夠掌握得宜，就可以處事自在了。

不過，每個人的體能、智能都不盡相同，即使親如兄弟姊妹也是如此，不同的體能、智能，就有不同的學習能力及工作效率。不要和更優秀的人比較，比較是一種不好的心態，比輸了，會讓人垂頭喪氣，失去自信心；比勝了，又會讓人志得意滿，不但傷人而且傷己。

以平常心來工作，是較正確的態度，在此有三個觀念，可以幫助我們以平常心做事，這三個觀念就是：盡心、盡力、盡可能學習。

無論從事何種工作，都要盡心盡力，遇到力有未逮的時候，就要盡可能地學習，不要做無謂的比較。學習是永無止境的，好還可以更好，反過來說，差也是沒有極限的，不注意的話，差的還會更差。所以我們要盡心、盡力、盡可能學習，這就是以平常心來工作。

有些人是爲了報酬、名位而工作，這種觀念並不全然正確。當然，我們都需要薪水來維持生活，但這不是工作的主要目的。工作，應該是爲了盡一份對社會的責任，以互助合作的方式在工作崗位上，奉獻出自己的才能、體力，所以不一定是爲了薪水，而是爲了工作而工作，這就是敬業精神。

此外，嫉妒也是要不得的錯誤心態！自己能夠陞官是好事，如果陞遷的是別人，也沒有關係，因爲位子只有一個，也許是他正好需要這個成長磨鍊的機會，所以他陞職了，我們應該感同身受，以隨喜的心恭喜對方，並反省自己是否不夠努力，並繼續盡心盡力做好本分的工作。

還有一些人常犯挑剔工作的毛病，我們依照自己的能力及興趣，以當前找得到的工作來做選擇，即使找不到理想中的職業，也應該騎在馬上找馬，不管職務大小，有一份工作就有一份保障，當你有好因緣和好機會時，把握時機換個更合乎自己理想和志趣的工作，也未嘗不可。

總之，工作上不要和他人比較，但是一定要盡心盡力，不懂的要盡可能學習，這就是工作應有的正確心態，也就是做事的藝術，與時間賽跑的現代人，更應該懂得這種處事自在的方法。

工作自在語

工作上不要和他人比較，但是一定要盡心盡力，不懂的要盡可能學習，這就是工作應有的正確心態，也就是做事的藝術。

工作安全與身心安穩

臺灣的公共意外和工作意外非常多，報紙上經常見到意外發生的消息，所造成的人命和財物損失令人惋惜。

所謂意外，就是沒有想到、沒有考慮到的事突然發生了。其實，只要有動作，就可能有意外，任何一個心慌意亂的失誤都可以導致意外。如果我們平時不那麼慌慌張張，保持心平氣和，頭腦比較清楚一點，發生意外的可能性也會相對減少。

不過，有些狀況並不是工作者個人所能掌控的，其中牽涉到整體工程的問題。譬如說一個總負責人，必須負責整個工程或是這個工作環境的安全，他一定要先考慮到大眾的安全，才能夠未雨綢繆，不讓任何意外發生。所以，公共安全一定是先做整體安全制度規畫，然後才有局部安全設施防範，最後才是個人安全保障，想完全靠個人來維持安全是很困難的。

以法鼓山爲例，我們的工地因爲一直很注重公共安全設施，從建設到完成都沒有發生過意外。我們首先要求廠商，不僅要做好工作時的安全設施，還要在事前考量各項安全上的顧慮。安全設施嚴謹地做好之後，還要要求工作人員一定要在安全的係數下工作，也就是說如果基於種種判斷，認爲安全上可能有問題，就絕對不能進行。這樣一層一層、從上到下的周密要求都做到了之後，還需要辦理保險，因爲投保是安全的最後保障。

另外，在法鼓山服務的人，我們還間接或直接使他們感受到佛法的氣息以及信仰的重要，並試著和他們分享法鼓山的精神和理念。在佛法的理念之下工作，雖然一樣非常地勤奮勞苦，也常常會趕工，但是心情是愉快的。因爲有一股信仰在支持，就算要加班，心情還是歡喜的，在歡喜和心甘情願的情形下從事工作，必然是比較安全的。

如果只知埋頭苦幹，沒有共同的理念或大方向，工作一忙的時候，內心就不那麼踏實、不那麼舒服，安全係數也會降低許多。很多意外就是因為心浮氣躁所產生，如果能夠心平氣和，就可以按部就班，不但做事品質會比較好，身心也會比較平安。

還有一種現象也容易肇事，那就是工作態度馬馬虎虎，趕了、急了、慌了，心不在工作上，老想著其他的事，或是太累了，卻還勉強要把工作趕出來。我建議工作中的人，心裡要很平實地知道自己在做什麼，不要胡思亂想，要心無二用。

佛經裡有一句話說：「制心一處，無事不辦。」「制心一處」就是讓心安定，心安定的時候，做任何事情都可以做得很好。所以，希望大家在精神上有所安頓，並感受到工作是愉快、值得的。工作的成就感，不一定來自金錢或是名利，而是來自於自我完成的功德。這種精神就像是過去的革命家，胸懷著革命的種子，為了崇高的目標，心悅誠服、心甘情願地投入改革建設，無怨無悔。

工作的確需要有目標，但這個目標應該不僅止於財富和名利、權勢，而是屬於精神上的利他信念，這可以幫助我們在工作中身心安穩，保有安全。

工作自在語

能夠心平氣和，就可以按部就班，不但做事品質會比較好，身心也會比較平安。

順境、逆境

工作中難免有順境、逆境，很多人都怕碰到逆境，覺得挫折就是很大的打擊。其實，如果沒有逆境現前，一般人不容易成長。所謂「不經一事，不長一智」，挫折也是一種經驗、一種過程，逆境更是一種考驗、一種鍛鍊。如果能夠面臨逆境而心不亂，沒有怨、沒有恨，而是以冷靜的智慧來處理，以慈悲的心來看待，那麼逆境就不再是逆境了。

好比我們走路或者爬山，稍微走遠一點腳會累，身體也會覺得疲倦，這不能叫作「逆境」，這只是個「過程」。事未經過不知難，沒有一樣事情是沒有逆境的，只要挫折當前的時候不以爲是挫折，把挫折視爲推動事務過程中一定會發生的現象，挫折就不會變成一種打擊。也就是說做任何事的時候，先要考量到順、逆兩面，如此進可以自由、退也可以自由，就能夠伸縮自如、進退自在。

可是，儘管預先考量周到，還是會有重重難關不易通過的時候，此時心裡難免不舒服，這種時刻，一定要保持信心。信心是什麼？是信我不爲己，只爲了這個社會、這個時代，保持這樣的信念，相信一定可以逢凶化吉。如果只是爲了自私、自我，一旦逆境出現，就可能一敗塗地，沒有辦法站起來。當然，人不可能完全沒有私心，但能夠少一點私心、多一點公德心，縱使逆境現前，也不會有太大的問題。

工作上遇到逆境的時候，第一個要想：這原本就是在我的預料之中，我早就知道一定會有困難，只是不知道是什麼困難而已。接著就要想辦法解決眼前的逆境。首先，當然是運用自己的智慧，如果自己的能力不足，就要找專業的人，或是比自己更高明的人幫忙，或是幾個人一起討論，因爲單獨一個人的思慮比較難以面面俱到，若是兩個人、三個人一起討論，很可能三個臭皮匠，勝過一個諸葛亮，就把問題處理好了。所以，心情鎮定地面對問題而不慌張，並適當地求援，是解決問題的不二法門。

很多人覺得順境很好，其實人在順境的時候，難免志得意滿，常常會埋下失敗的種子。因此我們要居安思危，時時刻刻要謙虛、謹慎，不能趾高氣揚、傲慢、自以爲是。因爲任何事情的成功順利，都不完全只靠自己，所謂時勢造英雄，這和時代背景有關，和當時的大環境有關，也和當時你所結交的人、相處的人有關係。

雖然這當中也有自己的一份力量在裡面，有的人會認爲是自己運氣好、自己的能力強，那也沒有錯。運氣好才能遇到好的因緣，可是運氣不會老是跟著自己走，好運一樣會離開。所以當有好運的時候要小心，就像是爬山爬到最高峰的時候，別只顧著洋洋得意，否則不小心掉下山谷可就麻煩了。

到了高峰，要知道接下來是會下坡的；下坡之後，另外一個高峰還會起來。人生的過程就像山峰起伏，處順境的時候不可以驕傲，處逆境的時候不需要灰心。我們必須要記住，隨時隨地都會有新的可能發生。

工作自在語

人生的過程就像山峰起伏，處順境的時候不可以驕傲，處逆境的時候不需要灰心。我們必須要記住，隨時隨地都會有新的可能發生。

調整職場EQ的好方法

現代很流行講ＥＱ，身爲宗教師，我並不太懂什麼叫作ＥＱ，只知道用佛法來調心，可以平衡我們的情緒。好的情緒其實就是一種慈悲心、同情心，一種關懷的心、希望的心，更是歡喜的心，這都是情緒透過觀念的調整和練習所成。

如果情緒不能調整的話，一般人就只是稱心而爲，或是任性放縱。無法管理、了解自己性格或情緒的人，一般都很容易憤怒，很容易失望悲觀，很容易妒嫉懷疑，類似這種心理現象，應該就稱爲ＥＱ不高吧！

佛法說，每個人的心在本質上是相同的，我們稱它「心念」，也就是

「情緒」，有的人善於應用，有的人不善於應用，善於應用的人叫作智者、有智慧的人，不善於應用的人叫作愚者。

在工作場所，一定有跟自己相關的人，包括同事、老闆、客戶，這些人都有可能讓我們無法稱心如意、讓我們感到不舒服，於是就產生情緒上的反彈，也就是抗拒。抗拒後接著就是抗爭，抗爭後就變成鬥爭，鬥爭後就變成戰爭了，這都是源自於情緒的問題。因此，佛法要我們知道，每一個人都有不好的情緒，叫作「煩惱心」。煩惱心需要透過方法的練習、觀念的疏導，才能使我們的情緒平穩、心靈平靜、煩惱平息。

那麼我們應該用什麼樣的觀念來鍊心呢？首先要認識人的差異性，認定人與人相處一定會有摩擦；因爲每個人都有其個別性、獨立性，想法不一樣、立場不一樣、觀點也不一樣、需求也不一樣。而且我們對自己都無法十分了解了，更何況是去了解另外一個人的想法和看法。對一件事情發生的原委，更不可能絕對清楚，我們常常都只是站在自己的立場來猜想，並站在自己的立場爲對方下結論，這是不公平的。

如果能認清這一點，那麼在觀念上就一定能轉得過來，就能心平氣和了。要是心還是不能平、氣還是不能和時，該怎麼辦呢？那就要用方法了。可以念「阿彌陀佛」聖號，這是最簡單的，當你曉得自己在念阿彌陀佛，不要把念頭老是繫著對方，不要把對方當成對象，要轉移自己的念頭，把它放在念佛上，念佛的時候心向內看，不要老是對著外境放不下，這樣練習下來，情緒也會跟著平靜下來。

另外，還有個很好的方法，我常教人享受自己的呼吸，遇到任何不公平的事情，或外在的情況很難改變時，我們可以轉念想：我還能活下去，有了呼吸表示我還活著，這就叫作「留得青山在，不怕沒柴燒」，那我就該滿足了。

因為生氣沒有用，就試著心平氣和地來處理事情，先注意自己的呼吸、享受自己的呼吸，你的氣很快就會平和下來，一旦心平氣和，自然就會有處理問題的智慧，因此根本不必生氣。所以，佛法所講的慈悲心、同情心、關懷心和歡喜心就是高EQ，可以讓我們在職場上無往不利。

工作自在語

我常教人享受自己的呼吸，遇到任何不公平的事情，或外在的情況很難改變時，我們可以轉念想：我還能活下去，有了呼吸表示我還活著，這就叫作「留得青山在，不怕沒柴燒」，那我就該滿足了。

真正的悠閒

中國的文化傳統大都是歌頌勤勞、批評怠惰的，再加上工商社會又特別緊張忙碌，所以現代人好像更不懂得悠閒。而一般人講的享受，則是認爲大魚大肉、男女情愛，或是打扮得時髦漂亮、開高檔車，就叫作享受。

其實眞正的享受是安閒，而最大的享受是身心平安，並不是在於物質上的豐富或是貧乏。適當的休閒可以讓自己的身心舒暢，呼吸的空氣是新鮮的，還有生活的氣氛是輕鬆的，生活的步調是舒服和諧的，這就是眞正的悠閒生活。會享受生活，是非常重要的。

我小時候住在上海，後來到了臺北、東京、紐約，然後又到過歐洲許多大城市和小鄉鎮，這些經驗讓我感受到中國農村社會的情調，應該是標準的理想生活。白天工作，晚上回到家，當時沒有電燈，一盞油燈下，全家大小聚在一起，要不就是來個親戚或鄰居，大家圍著桌子，一邊喝茶一邊聊天。

如果時節是夏天，會有一些瓜果，冬天則有一些蠶豆、花生。吃著這些點心，大家輕輕鬆鬆地過一個晚上。第二天起來再下田去工作，晚上又回來享受天倫之樂，這種生活眞是悠閒自在，是眞的快樂、眞的享受。雖然物質上非常缺乏，可是精神上卻非常豐富、非常健康。

城市裡就不一樣了，因爲大家不斷地比來比去，坐車子要比、穿衣服要比、穿鞋子要比，一比較之後就緊張地拚命去賺錢，賺累了就睡覺，起床後趕快再拚命賺錢，不然就是去享受，但享受累了還是睡覺，起床後再去拚命工作；連睡覺、做夢的時候都是緊張的，這種生活是很痛苦的。

歐洲雖不似鄉村如此悠閒，但他們忙過了之後，總會休息一段時間，例如我到克羅埃西亞、波蘭、俄羅斯等東歐國家，他們的生活步調是比較緩慢的，走在路上感覺也不是那麼緊張。

我在這些地方演講的時候，大家都非常認眞地聽，也會問問題，但是時間到了我必須要休息時，如果他們還意猶未盡想再提問，負責的人就會建議換一個場所去喝咖啡。在咖啡座裡還是可以繼續談，這時的氣氛就和演講時不一樣了，可以天南地北地聊天，不一定是那麼緊張地你問我答。這樣的生活態度，忙中有閒，緊張後有放鬆，鬆緊調配得很好。所以歐洲人的生活，倒是滿值得我們學習的；白天工作得很累、很忙，晚上的時候，就輕輕鬆鬆地過日子。

寺院的生活也保有這樣的精神，雖然也很忙，但也是會有調劑。工作忙完之後我們也會透過拜佛、讀經或是禪坐等不同活動方式，這也是一種調劑，把我們的生活安排得不急不緩、鬆緊得宜，這種生活就是現在出家人的生活，雖然人家看我忙得不得了，其實我也是「忙中有閒」呀！

工作自在語

真正的享受是安閒，而最大的享受是身心平安，並不是在於物質上的豐富或是貧乏。

第三篇

工作場合的人際相處

辦公室哲學

通常，一個辦公室裡總是有不同部門的人在一起工作，每個人各領其職，以分工的方式運作。分工並不等於互不往來，而是一種互補，有時可能你做得多一些，我做得少一些，或是我做得多一些，他做得少一點。

雖然我的職場經驗不足，但是從佛法的立場來看，不管在什麼樣的情況或是環境下，人與人之間的相處關係都是相通的，所以不一定是在辦公室，即使是在寺院裡，相處上都可能會發生一些問題，遇到這種情形，要如何取得共識，順利協調呢？

這可以分成兩方面來談，一是制度，一是彼此之間相處的心態。以心態來說，人與人之間不可能完全沒有比較心，有些人看到別人做得比較多、比較好，便在旁邊說風涼話：「奇怪，大家都沒有做那麼多、那麼好，你爲什麼要這麼做呢？」這就是因比較而產生的嫉妒心。如果還在背後指指點點，傳到當事人的耳裡，更讓人覺得不舒服。

這種愛說風涼話的人，有時自己多做了一些，也會很不服氣、很不甘願，心想：「大家拿同樣的薪水，爲什麼他的工作量就比我的工作量少？」這就是愛計較。如果習慣經常和他人比較，便會爲自己和他人帶來極大的困擾。同樣地，在同一個家庭裡的兄弟姊妹也會有類似情形，有的子女非常乖巧，會自動自發幫忙，有些不但不爲家裡分憂解勞，還調皮搗蛋，讓父母傷透了腦筋。

事實上，不管任何環境，都會有一些人能力特別強，也會有一些人能力比較差，有能力的人就應該多付出一些，不可以在一旁冷眼旁觀，等到別人做錯時，才嘲笑他自不量力。還有很多人眼高手低，自己不做事，專門指使他人去做，等他人做完後卻大肆批評，這就更加不對了。

此外，喜歡拍馬屁的人也不受人歡迎，他們專門在老闆面前打轉，說些好聽、漂亮的檯面話，竭盡所能地恭維、奉承老闆，做一些表面工夫。糟糕的是，老闆大多有盲點，無法看清事實眞相，眼中只看到這個人的「忠心」。如果你恰好是那個很乖、很努力、很認眞工作，卻不會做表面工夫的人，只因爲不會表現自己，沒讓老闆看到你的工作情形，以致於眼睜睜地看著自己辛辛苦苦的工作成果被他人占爲己有。如果遇到這種情形，該怎麼辦呢？

站在佛教因果的立場來說，我們忠心耿耿地把事情完成，不一定要老闆知道，也不一定要博得讚賞，也許當初的動機只是爲了替老闆賺錢，但是賺到錢的同時，我們也爲整個團體、整個社會做了一些貢獻，這也就足夠了。

不僅事情要做好，人的本分也要做好，不要在乎別人看不看得見你，與同事相處則要盡心盡力，要爲他人、爲老闆、爲公司設想，不和別人計較。最重要的是：忠心忠誠地努力，至於他人的表現如何則不要放在心上，如果能這樣做，至少是把人的本分做好了。

工作自在語

我們忠心耿耿地把事情完成，不一定要老闆知道，也不一定要博得讚賞，也許當初的動機只是為了替老闆賺錢，但是賺到錢的同時，我們也為整個團體、整個社會做了一些貢獻，這也就足夠了。

辦公室的兩舌與中傷

雖然每個人都知道，妄言、綺語、惡口、兩舌，對人對己都有傷害，應該加以避免，辦公室裡卻仍然常常發生言語暴力。出口傷人的原因也許是希望他人失敗，或是爲了自己的利益，防止別人占到便宜，特別是出現人事空缺時，競爭者爲了自己的陞遷，有可能會利用種種不正當的手段造謠、中傷、諷刺來破壞對方，不讓別人有和自己競爭的機會。

此外，任何一個單位只要員工人數多時，一定會有幾個比較談得來的同事，經常會聚在一起互吐苦水，或是一起批評其他同事，這樣也是一種「兩舌」。那些被批評的人應該要有大事化小事、小事化無事的智慧，以及不計較事情得失的胸襟。如果能充耳不聞、一笑置之，事情大概就不會繼續惡化。否則，意見相左的兩邊變成壁壘分明，形成兩個陣容來互相對立、互相鬥爭時，那公司的運作就會變得很糟糕。

而中傷則是一種挑撥，屬於「兩舌」，也可說是「妄語」。以一個佛教徒來說，這是不道德的事，我們自己的工作態度要腳踏實地、實事求是，不可用不正當，甚至是卑鄙可惡的手段來達成爭名逐利的目的。可是，如果不幸遇到這種人，受到了惡意中傷，應該如何處理呢？

首先要看老闆是不是賢明公正。一個賢明的上級主管應該可以看出誰在惡意中傷、誰在拍馬屁，他會知道應該任用哪一個人；反之，如果不賢明，他就會喜歡聽耳語、中傷的話，分辨不出消息眞假。如果你還想繼續留在公司，不妨就把問題交給時間去解決，等到時機成熟，事情就會水落石出，等老闆發現事實的眞相後，知道過去是他人故意栽贓你，他就會回心轉意，調整回你的職位。

如果老闆一次次都認事不明、分辨不清，又該怎麼辦？不妨先退一步想，考慮收入的問題，辭職後如果會影響家計，造成經濟上的困難，那麼就先暫時忍耐，因爲目前老闆就是這樣，怎麼講也講不清楚。假設有另外的公司想要聘請你，可以試試看，也許這就是你的另一個起點；如果暫時沒有機會，而生活還過得去，那就等待時機，再找其他的工作。

除此以外，我們還可以怎麼應對？其實自己還是可以用比較豁達大度的心來看待中傷事件。從修行的角度來看，講壞話的是他不是我，他再如何說我怎麼壞，也只是他的看法而不是眞正的我，那我就不必這麼生氣。如果能有這樣的修養，就不會被謠言擊倒。

工作自在語

從修行的角度來看，講壞話的是他不是我，他再如何說我怎麼壞，也只是他的看法而不是真正的我，那我就不必這麼生氣。如果能有這樣的修養，就不會被謠言擊倒。

競爭與較量大不同

一般人所了解的競爭，就是要把別人擁有而自己沒有的東西搶奪過來，讓它變成自己的，但這是「動物性的競爭」。人類的競爭應該是：如果自己沒有，就要另外想合理的辦法擁有，而不是去搶奪別人的努力成果；非但如此，還要設法讓大家都能享有，甚至擁有更好的東西。這是一種積極的菩薩精神，優於一般所謂的「競爭」心態，可以稱爲「良性競爭」，是一種合理、公開、公平的競爭。競爭的目的，不是爲了要讓自己成功而打倒他人，而是他人做得不夠好的地方，自己要做得更好，還要比他人做更多的貢獻。

佛法並不反對良性競爭，但是佛教徒的人生態度，常被人誤解是消極的，就連一些佛教徒本身也有這種錯誤的觀念。有位母親因爲兒子很懶惰，不喜歡讀書求上進，天天打電動玩具，就責罵他說：「你眞是沒出息，像你這麼懶散，我要把你送去寺裡當和尚！」她的兒子聽了之後，還眞的跑到我們寺裡來，他以爲當了和尚就可以整天無所事事，並認爲不想讀書、不想做事，只想玩耍的人，最適合做和尚了。

其實，像我這樣的和尚是忙得不得了，從小到現在每天都在忙，我不是忙著搶別人的錢、搶別人的名位，非但不搶，我還要使他人變得有錢、有名、有地位，也要使人們更有學問，能夠得到幸福。這不是爲自己爭取，而是爲大家奉獻，但同樣都需要努力、需要付出代價。

最初，我並沒有想到要出名，也沒想到要在大眾媒體上說法廣爲人知，但是因爲努力的結果，地位自然來到，名氣自然出現，許多利益也隨之而來。但我不會獨占利益，會再把它分享出去，就像滾雪球一樣愈滾愈大。利益不是我一個人私有，而是變成大家的，這才是競爭的眞義。

在許多佛經中，例如《法華經》、《地藏經》、《金剛經》裡，都曾出現過「較量」的觀念。較量的意思就是：做這件事比那件事好、這個功德比那個功德大、這樣的身分比那樣的身分更好。推究起來，這就是競爭，但不是與他人爭戰，而是自己與自己競爭。這樣做不是為了凸顯自己，也不需要和他人打得頭破血流，而是一種力量的發揮；這種競爭不僅使社會大眾得到利益，同時也是一種自我的陶冶與訓練，可以幫助自己成長得更快速、更健康、也更健全。

在佛教裡，這種與自我的競爭稱為「精進」，是永遠努力不懈怠，要以自己的力量來生產、製造，以取得更多對他人有益的資源。所以，不要誤會競爭就是自私的，也不要誤解競爭就是搶奪、鬥爭、詐騙，否則，非但對自己無益，對他人來講也有傷慈悲，我們應該要做良性的競爭，為爭取大眾的福祉而精進努力。

工作自在語

較量的意思就是：做這件事比那件事好、這個功德比那個功德大、這樣的身分比那樣的身分更好。推究起來，這就是競爭，但不是與他人爭戰，而是自己與自己競爭。

合作與服從

現代社會，大部分的人會用「合作」來取代「服從」這兩個字，例如警察偵訊嫌疑犯時，雖然希望他能自己承認是否做了壞事，但是不能命令人，只能請對方合作，配合警察機構的調查需要來填寫資料和報告，透過合作能避免問題更加複雜。

現在很多的主管或長官，對他的部下和職員也會這樣講：「請你們大家配合」、「請你們大家合作」。實際上，他是一個命令或是一個指示，但一定要這樣表態，這就把合作和服從的定義模糊了。

是不是服從就是合作？合作就是服從？服從與合作之間究竟有什麼不同？服從是屬於階級性的從屬關係，上對下是命令，下對上則是服從；服從也是屬於少數和多數的互動關係，少數人必須要服從多數人的表決，當少數人的意見不能夠爲大眾接受時，就只有面對現實，服從多數人的意見。但在事實上，現在有很多的人是用合作這個名詞要求別人服從，或是把合作誤解成服從。其實合作眞正的意思，是希望透過大家共同的努力，來完成共同需要的、希望的目的或事業，你提供你有的、我提供我有的，例如我出錢、你出力，或是我出力出錢、你出主意，共同成就一件事，這樣彼此互相配合就叫作合作。

此外，或是說我做這一部分，你做那一部分，我們朝一個共同目標來分工合作。就像是工廠裡的各種部門，分別負責做成各式各樣的零件，最後組合成一樣機器或是一件衣服，這也是分工合作。

無論是在一個家庭裡、一個社團裡或是在社會裡，大家都需要合作。合作一定要有技巧，要有溝通協調的過程，因爲人與人之間，你想你的、我想我的，一定有所差異，因此需要溝通想法，溝通以後才能夠互相諒解，才可以折衷地選擇兩方面的意見，如果雙方都堅持己見，那就不能合作了。

協調溝通之餘，還需要適時地妥協，妥協就是讓步，如果各有堅持、互不讓步，一定會引發衝突，很容易變成沒辦法收拾的局面。如果這種衝突發生在家裡，就可能導致離婚；發生在公司，則可能使部門間產生分裂了。

所以，除了顧全大局之外，還要懂得妥協。因為你不容易讓步，那我只好先妥協了，當你漸漸了解我其實是妥協求全，也許你就能夠體諒我，那時候我再慢慢轉變你，讓你了解我的意見也不錯，這樣就又能夠合作了。所以，合作是一種協調，服從則是命令，其間是大有差別的。

工作自在語

合作一定要有技巧，要有溝通協調的過程，因為人與人之間，你想你的、我想我的，一定有所差異，因此需要溝通想法，溝通以後才能夠互相諒解。

留住人才的方法

如何尋求合適的人才是一門大學問。剛開始時，誰都不知道人才在哪裡，我們可以針對工作的性質與內容需求開出條件，列出求才的標準，再透過廣告刊登公開招聘，或是親友介紹推薦。至於如何從許多應徵者當中，挑選出適任的人，這就要看面試者的眼光了。

首先，是第一印象。第二，要考慮這個應徵者所具備的條件如何？第三，要仔細觀察他的各種反應。第四，則要看他的應徵意願如何？是不是很誠懇？其中，誠懇是最重要的條件，技能專業反而次之。技術不足可以加強訓練，如果專業才能夠，但是忠誠度不足，進了公司之後會爲公司帶來許多麻煩。

忠誠度在一時之間很難透過面談就判斷出來，必須靠運氣、靠感覺。人與人之間的緣分也有舉足輕重的影響，有福報的人在徵人時，一看就看準了；而沒有福報的人，看人全都看走眼了，這是沒有辦法的事。有福報的人會吸引有能力、忠誠度高的有緣人來，而且進了公司以後，他的心不會隨人事變化而浮動，能夠長久待下來。

如果是基層人員，公司必須要培養他，不要擔心會花費太多時間或資源，也不要擔心培養起來後，他會離開公司。職前培訓、在職訓練都不能少，培訓期間有些人會被自然淘汰，留下的就是可用之人。一經錄用，要把他當成是自己的家人，不僅要在工作上扶助他，也要時時留意他的身心狀況，甚至還要照顧到他的家庭。在這樣的推誠置腹、無微不至的關懷之下，還需要擔心部屬跳槽嗎？如果只給他普通的薪水，又不關心他的生活，那麼他願意在這個公司待多久就很難說了。

所以，薪水多少是其次，真心的關懷才能留住人才，只要員工能夠感受到你的體貼及關心，他就能從基層做起，經過時間的磨鍊，便可以培養出最忠誠、最可靠、最好的人才。我的一個皈依弟子，也是一位大企業家，他就主張人才出於內部，一定要從基層慢慢培養起來。

當然，有些不懂感恩的人，不管你花了多少心血、對他多麼照顧，他還是說走就走、說變就變。要坦然地將它視爲意料中的事，因爲人心難測，發生這種事情在所難免。雖然如此，我們也不應對其他人失去信心，仍然要一本初衷，繼續關懷、培養、照顧屬下。換個角度想，會流失的就表示是不可靠的人，遲早他都會離開，倒不如慷慨大方地讓他走。我們培養出的人才，能到其他單位、其他公司服務，何嘗不是一件好事？這也可以算是我們對社會所做的一種培養人才的奉獻。

工作自在語

薪水多少是其次，真心的關懷才能留住人才，只要員工能夠感受到你的體貼及關心，他就能從基層做起，經過時間的磨鍊，便可以培養出最忠誠、最可靠、最好的人才。

勞資是生命共同體

有些企業界的領導人認爲，事業的豐碩成果是自己打拚來的，公司的穩定局面是自己奠定的，財富更是自己辛苦經營，甚至是承擔極大風險賺來的，而員工只不過是領他的薪水、幫他賺錢的人。由於這種錯誤的觀念，常常造成公司上下缺乏共識，離心離德，企業無法健全成長。

經營者與主管確實爲企業付出很多，不但付出了資本、智慧、時間、經驗，同時更承擔許多風險，所以員工應該要感謝他們；但是相對的，做爲一個企業的領導人，應該要有正確的心態與觀念，具備民主的風度，以平等的方式與員工共同討論公司發展，避免形成獨裁。

從佛法的角度來看，一切現象、一切成就，都必須靠許多因緣配合才能促成。例如，三國時期孔明擬用火攻擊退曹軍陣營，軍隊的調度派遣等，一切安排就緒，但因風向不對，吹的是逆風，以致於遲遲不能進攻，因此才有「孔明借東風」這個典故。孔明縱有高明的識見，卻也不是他一個人就能控制局勢，所以才必須向老天借東風，這不就是因緣和合很好的例子嗎？

將這種因緣觀引申到企業上也是一樣，任何事業的成功，需要「東風」的地方實在太多了，除了要有國際環境、社會環境的因素配合，還必須網羅傑出人才，借重他們的長才才行。如果只有一位老闆，就算他很有才能，也很富有，但是缺少其他人的幫助，也不能結合大家的智慧與力量，是很難成就出一番事業的。所以，站在經營者的立場，應該感謝所有員工的共同付出，沒有這些員工的努力和同舟共濟，經營者必然會孤掌難鳴。

至於員工方面也應該想到，如果沒有經營者的資本、專業及智慧的投入，也無法創造這個就業機會。所以，勞資之間的互動是建立在互需互求的基礎上，單靠一方都無法成事。由於臺灣經濟發展迅速，不少企業家賺了很多錢，有一些人因此很眼紅，認爲資本家很可惡，剝削了他們的利益，因而主張把企業家全部趕走，讓自己來賺這個錢。這是非常錯誤的想法，企業要靠資本家的智慧、資本、技術、管理能力才能夠經營起來，如果把這些專業的資本家全部趕出臺灣，那麼臺灣大概只能留下荒地一片了。

但是資方如果自認公司所有的一切都是他自己努力得來的，而以施恩者自居，認爲這些員工吃他的、用他的、領他的薪水，都是他的負擔，那麼這個事業也一定維持不久。有這種心態的老闆，難免盛氣凌人，對人頤指氣使，可能因爲一時的運氣，管理的員工高達幾百個，甚至幾千個，但是員工都有他們的自主意識、價值判斷，要不了多久，就會一個個掛冠求去，這個老闆也就當不成了。

所以，唯有建立勞資互惠的觀念，尊重員工，平等相待，事業才能蓬勃發展、永續經營。

工作自在語

唯有建立勞資互惠的觀念，尊重員工，平等相待，事業才能蓬勃發展、永續經營。

最好的領導者

團體的領導者有兩種型態：一種是權威型，在他的領導下，部屬多半敢怒不敢言，不敢不接受領導，因爲不服從的話，也許就會保不住工作飯碗，甚至有生命的危險，所以表面上他還是領導得很好，但實質上部屬是口服心不服。

另外一種則是自然形成的領導人物，這種人能夠受人恭敬、尊重與擁護，但這並不是因爲他有權威，而是因爲他能夠幫助別人，並且認同、尊重其他的人，使一盤散沙凝聚在一起。這種領導者的溝通協調能力很強，也有極大的感化力與感動力，所以能夠懾服、帶動團體，讓多頭馬車共同朝一個大方向前進，這也就是民主式的領導。

以兒童的世界爲例，有的孩子王是因爲力氣大、塊頭大、聲音響、姿態強，所以每個小孩都怕他，只要他一聲吆喝，大家都要服從，接受他的領導，這種就是權威型的領導者。另外，有的小孩能夠擔任溝通協調的工作，照顧其他的人，所以孩子們覺得跟他相處很安全，整天都喜歡跟他玩在一起，自然而然就會以他爲領導中心。

佛教裡的釋迦牟尼佛是一個最好的民主式領導者，他不用權威、神權來恐嚇人，也不用軍權來威脅、懾服人，而是用慈悲與智慧，爲所有的人帶來平安與智慧，因此，大家都聚集到他的座下，接受他的領導。可是他始終都很謙虛地說自己不領眾，這意思是說：我不是領導人，我也是大眾之中的一分子，接受大家的領導，只不過因爲想到一個團體需要共同的生活規律、原則及方向，所以才提出建議，因爲大家的認同，才聚集在一起。你們來了之後，不受任何約束及勉強，能接受此一原則及規律的就留下來，不願意的人也可以隨時離開。

在這種自由地來、自由地去的情況下，釋迦牟尼佛的弟子卻愈來愈多，形成一股不可阻擋的趨勢，所有的人都主動來接受他的領導。他是以佛法爲師，用佛法領導大眾，而不是爲了滿足個人崇拜的欲望而強迫所有人把他當成領袖。

因此，我常常鼓勵人，想做一個最好的領導者，就不要以領導者自居。一個最好的領導者，是接受大家領導的人；一個最好的領導者，就是爲大家指出正確道路的人。但此正確道路並不能強迫大家接受，必須爭取大家的認同，如果有歧見，可以集思廣益，考慮大眾的需求，再加以修正，找出眞正的方向，使大家有路可循，朝著共同的目標前進。

如果不想只做形式上的領袖，就要以大家共同形成的觀念、生活方式等來領導；能促成團體互信互敬的人，才是最好的領導者，而且永遠不會被人推翻。這樣，即使下台或過世，他仍然是這個團體的精神領導中心，是許多後人的永恆標竿。

工作自在語

一個最好的領導者，是接受大家領導的人；一個最好的領導者，就是為大家指出正確道路的人。

第四篇

團隊的合作法門

六和敬的意義

「六和敬」是佛教僧團的生活原則，也就是讓彼此能夠和樂相處的觀念，基本原則一共有六個項目，分別是：身和同住、口和無諍、意和同悅、見和同解、利和同均，以及戒和同修。

第一項是「身和同住」，就是與大眾能身心健康和諧地同住在一起，身體行爲上不發生肢體衝突。

第二項是「口和無諍」，也就是彼此能夠溝通、協調、勉勵、互助，而不產生衝突。彼此不要用語言來互相交戰、刺激別人，因爲言語的爭戰是很可怕的，言語暴力會帶給別人嚴重的創傷，一句話可能傷人一輩子。

第三項是「意和同悅」。由於志同道合，大家的心都是和樂的。「悅」

指的是「喜悅」，不論是別人所看到、聽到的，或是我所看到、聽到的，心裡面產生的反應都是歡喜的，例如當我們同在觀賞一朵花時，別人看了覺得歡喜，我看了也覺得歡喜，任何一個人的心，都是同樣保持著和諧喜悅。

第四項是「見和同解」。「解」指的是見解的解，也就是看法、想法。看法可以大同，可以小異，小異之中又可以有大同，大同之中又不妨有小異，可以讓人發表自己的意見，自己也可以表達自己的意見，但是到了最後，就是相互覺得彼此的意見都是合理的，別人的意見是對的，自己的意見也是對的，或是彼此協調，尋找一個折衷點、一個交集點，有共同點時就不需要再爭論了。見解既是相同的，便是見和同解。

第五項是「利和同均」。如果人人都不再只求自利，能夠考慮到自己的利益就是他人的利益，他人的利益就是自己的利益，所以我們和他們之間的利益便是互通、相同的。那麼對他人有利，其實也就等於對自己有利，當自己得利時，一定也對他人有利，彼此之間自然就不會發生利害衝突。如果所有人都是平等的，資源能共有、共享，相處自然和諧。

第六項是「戒和同修」。「戒」指的是規則、戒律的意思。戒律是生活的共同規範、規約與守則，既然大家生活在同一個團體裡，便要遵守共同的生活規範，彼此之間是和諧相處。我們通常在社會交際上，至少都會屬於某一個團體，包括一個家庭、一個學校也是一個小團體，共修會也是一個團體，任何三個以上共同生活在一起的人，就是一個團體。團體應該有共同生活的規範，並且共同遵守。

以上這六個項目就是六和敬，是釋迦牟尼佛爲出家弟子制定的僧團生活準則，依據此六和敬，出家弟子很容易便能夠達成團體和諧相處、精進修行的目標。而這些項目如果運用在我們的日常團體生活中，包括職場、家庭等，相信一樣能達成相同的效果。

無論是在政府機構或是公司行號，都可以將六合敬的原則運用在生活裡，雖然說你有你的原則，他有他的原則；你有你的規範，他有他的規範，但是原則應該是相同的。也就是說，如果我們能夠把六和敬的觀念，推廣到一個團體裡面，或者推廣到職場裡面，大家的相處氣氛就會更加和諧。

工作自在語

如果我們能夠把六和敬的觀念，推廣到一個團體裡面，或者推廣到職場裡面，大家的相處氣氛就會更加和諧。

身和同住

六和敬的第一項是「身和同住」，這是最基本的團體生活規約，如果能推展到社團或是職場裡，將可以減少很多人際紛爭，維持和諧。

「身和」可以分為兩個層次，第一個層次是每一個人的身體都要保持健康、和諧快樂，也就是說，我們不論是生活、飲食、起居或作息都要非常正常規律，如此一來，地、水、風、火四大就能調和，不會冷熱不均而生病。身體健康時，與他人相處就能夠心平氣和，也比較不會因為心理上的衝突而造成生理上的疾病。

一般人都不喜歡和生病的人在一起，這是因為他們身體的特殊狀況，很容易對人造成困擾，或讓人感覺不舒服。像是病人會無法負擔自己的工作、無法克盡一己之責，因此連累到其他人，加重他人的負擔；再者，生病的人情緒也特別不穩定，很容易出言不遜，與他人發生口角衝突。因此，如果身體不健康，四大不調，就不容易與他人和諧相處。當然，也有人雖然身體有病，還是能夠與他人和睦相處，這是很有修養的人才做得到。

第二個層次是人與人之間相處的藝術，由於每一個人身體狀況都不同，所以不要因爲自己的個別需求，讓其他人受到傷害或受到阻撓。例如大門只能容納一人的寬度，卻有兩個人要同時進出，總要有一方先退讓。如果都不願意退讓，或者兩個人沒有默契，你趕著進門，他也搶著出門，雙方莽莽撞撞的，難免會撞得鼻青臉腫。

所以，在工作場所中，自己該做的事要自己做完，所謂一個蘿蔔一個坑，不需要你做的事，則不必多管閒事，這是非常重要的相處藝術。可是，如果有人害病，或者出了狀況，就應該不吝惜伸出援手，幫助他完成工作；這樣當你有困難時，別人也會幫助你，這就是互通有無，和諧相處——也就是相讓又互助。把握住相讓、互助這兩個原則以後，人我之間就不會產生摩擦，否則，我走的路不准你走，各人占據各人的位子，彼此老死不相往來，這就不是身和同住。

所以，團體中的成員應該相互關照通融，一旦發生緊急狀況，就要讓彼此都有活路，這就是生活互動的關係。當生活互動的關係能夠和諧，就叫作和光同塵，雖然是一個一個不同的存在個體，可是彼此之間非常和諧，沒有衝突。如果能夠實踐身和同住的相處方法，不但夫妻不會吵架，同事之間也不會有衝突，工作便能在融洽的互動氣氛裡圓滿完成。

工作自在語

團體中的成員應該相互關照通融，一旦發生緊急狀況，就要讓彼此都有活路，這就是生活互動的關係。當生活互動的關係能夠和諧，就叫作和光同塵。

口和無諍

生活和職場裡難免有不少紛爭，但如果能掌握六和敬的「口和無諍」觀念，是可以避免的。

不論是僧團或是其他團體，想要做到口和，說話用語就要謹慎小心，要經常使用敬語、愛語、勉勵語或同情語，如果能夠時常如此用語，你尊敬對方，對方也會尊敬你。

但要完全做到「口和」並不容易，就算是我們自己的牙齒，有時候也會咬到舌頭、咬到嘴唇，人與人之間有口角雖是難免，但是在吵過架後，如果能先向對方道歉：「對不起，剛才是我誤會，話講得太重了。」「對不起，我剛才的詞句用錯了，是我不小心，口無遮攔，說了不該說的話。」這樣至少還能維持彼此之間和諧的關係。

不過，我們中國人有一種熟不拘禮的習性，和熟人相處時，往往忘了要尊重對方，所以容易發生口角。不管是夫妻、朋友，或者是工作夥伴，即使已經相當熟識，還是要使用尊敬、勉勵、同情或是謙虛的話語，這種話語沒有惡意，也不是逢迎，而是尊重他人的用語，會讓別人聽起來覺得很舒服、很受敬重，溝通自然也愉快。

我在日本留學時，發現日本人比較少在街頭吵架，這是因爲他們習慣使用尊敬語、謙虛語。而在家庭裡，父母很早就注意小孩子的教養，倘若有人使用粗語，也會遭到他人恥笑。

日本人對不同的輩份有不同的尊稱，即使是晚輩也是一樣，例如對我的教授來說，我是他的學生、晚輩，但是他對我的說話態度還是很尊敬，不會說：「喔！你這個小鬼。」或是「你這個學生」、「你這個人」，他一定會尊稱「某某桑」（さん）。「桑」是中文的發音，這個「桑」就是禮貌。父母即使對小孩說話，也是很客氣的，稱呼小孩都叫「某某將」（ちゃん），這是一種暱稱。平常說話時如果能用敬語，彼此之間就比較不會有口舌之爭，人和人之間，即使再熟悉也不會出言不遜。

通常出言不遜是因爲口不擇言，口不擇言是由於彼此之間沒有敬意。由此可知，要達到「口和」，最主要的是要注意所用的詞句、用語的態度和講話的聲調。日本語非常重視語調，這是要經過練習的，同樣一句謙虛語，如果聲調不對勁，聽起來就好像是在諷刺對方一樣，在日本，最先提高聲音的那個人絕對是輸家。所以「口和」要從敬意、心態，以及語言上表達出來。

當然，也有很多人說日本人是「有禮無體」，指的是當你需要幫忙時，語言上雖然非常客氣，但是實際上不會給你多少幫助，其實，維持表面的敬意就已經很好了，至少彼此相處時不會發生摩擦。心存敬意，多說敬語、愛語、勉勵語、同情語，一定能夠「口和無諍」。

工作自在語

通常出言不遜是因為口不擇言，口不擇言是由於彼此之間沒有敬意。由此可知，要達到「口和」，最主要的是要注意所用的詞句、用語的態度和講話的聲調。

意和同悅

六和敬中的「意和同悅」，是一種最愉快的溝通觀念。「意」指的不是意見，而是情意、感情，是屬於意念的，也是感性的。

人與人相處溝通，不一定都要靠語言，也不一定要透過物質，有時候是一種心意的交流。常言說：「禮輕情意重。」這就是意和同悅的「意」。像是如果我送你一朵小花，價值不在這朵花的價格，而是小花代表著我對你的關心；送你一樣小小的禮物，並不是這樣禮物對你有多重要，而是這份禮物隱含了我的關懷，這才是貴重的地方。透過這份薄禮，讓你感受到我的祝福，我的心意你領受到了，這就是彼此之間一種感情的建立。

還有所謂眞情流露時，這種眞情的表現也是「意」，這是眞心的，無法用言語描述，也不能用任何東西表達，但是你卻可以曉得這個人是很眞誠的。人的感情非常微妙，有時只要彼此看一眼，透過眼神就可以感受到；有時只是簡單地握個手，就可以感覺得到對方是否眞的關心你，感情濃淡並不在於握手的輕重，這是很微妙的事情，只有當事人察覺得到。

又例如在一個聚會場合，如果感覺到空氣是凝固的，那麼不但你會不舒服，我也會不舒服；如果空氣裡洋溢著和諧的氣氛，大家的心情都愉快，當其他人進了這個場合，也會覺得好輕鬆、好愉快，不需要用言語傳達，每個人都感染到愉快的心情，這種和諧也就是意和。意和了就能同悅，你很愉快、我很愉快、他也很愉快，彼此之間心照不宣，這是一件令人非常歡喜的事。

假使在我們之中，有兩、三個人，甚至只要有一個人心裡很煩悶、很痛苦，如果他表現出來了，我們眼睛看得到，當然就會覺得不舒服。奇怪的是，即使他表面若無其事，我們也可以感受得到，會覺得好像有什麼事情發生，心裡感覺怪怪的。這就是意不和。

「意和同悅」的「悅」是經常保持心情的愉快。這非常重要，見到任何人都要保持愉快、眞誠的心情，來欣賞、接納對方，彼此之間就能營造出一種令人愉快的氣氛。也有的人匠心獨運，很快就能營造出那種和諧的氣氛，使人一看到就很歡喜。眞誠的心或是充滿喜悅的心就像是能量一樣，能在無形中散布出去，只要有歡喜、欣賞、包容、讚歎的心，這種意識、心意，周遭的人都可以感受得到，而且，對方也會回饋給你，這就是意和。

如果在一個團體裡，大家都有這樣的一顆心，就能達到意和同悅；一個家庭裡，夫妻子女之間，不一定非得要有形式上的擁抱或是親密的動作，只要能營造這種「意和同悅」的氣氛，相信每個成員的心情都會非常愉快。

工作自在語

真誠的心或是充滿喜悅的心就像是能量一樣，能在無形中散布出去，只要有歡喜、欣賞、包容、讚歎的心，這種意識、心意，周遭的人都可以感受得到。

見和同解

六和敬中所提出的「見和同解」，就是讓團體的成員見解有共同的交集，並能達成良性溝通。「見」就是意見，也就是所謂的見解或知見。「見和」指的是群體有共同立場的見解，彼此有共同的方向和原則。例如夫妻兩人共同的原則是要維護家庭的和諧幸福，共同的立場就是締造出共同的命運，一如我們常說的：「同命鴛鴦」，夫妻兩人終身都朝著共同的方向，走相同的一條路。

做爲一個人，一定要有做人的標準及立場，所作所爲要與這些標準和立場一致，例如，身爲員工，如果立場和公司的方向相衝突，那麼就不會被這個團體所接受；又例如，一個父親的所言所行或是見解如果和其他家庭成員互相矛盾，所有家人的安全、福利，也因爲他受到損失或傷害時，那麼不管是太太、孩子或是父母、兄弟，都會覺得他不可理喻。所以，一旦違背了整體原則，所作所爲是不會被大家認同的。

不過，共同點雖是相合、相同的，但在此一原則下，每個人仍然可以自由發揮、不受限制，否則大家的意見完全一致，變成一言堂，這樣也不對。見和同解並不等於是一言堂，大家可以各自表述，剛開始時雞同鴨講也沒有關係，雖然因爲誤會而產生一些爭論，但是眞理愈辯愈明，誤會也有機會化解，到最後還是可以找到交集。只要是爲了同一個目的、同一個方向，在同一個基礎上爭論，都沒有問題，這就是「見和同解」。

也就是說，這個意見是爲了大眾的利益，是代表大眾的，由大眾來共同判斷，而不是由個人的主觀意見來決定。釋迦牟尼佛說：「依法不依人」，不要因爲是釋迦牟尼佛所說的，或他人傳說是佛說的，就以爲那句話絕對可信、非聽不可；只要合乎佛法的標準與基礎，就是佛法，不要因人立言或因人廢言。因人立言，那是個人崇拜，是一種迷信；因人廢言，則更是損失。

所以，「依法不依人」就是一個準則。

此外，在一個團體裡難免會有各種不同的意見，每一個人都覺得自己才是對的，這是正常的現象，因爲大多數人的想法都很主觀，但是要多聽聽他人的意見，互相溝通，當雙方都把意見講出來，並找到交集點後，就會變成共同意見了。開會的目的在於溝通協調、達到共識，如果各自堅持己見，會議談不出結論，那就失去開會的功能與意義了。

見和同解，實際上就是達成共識，在共識的指導下往前走，期間如果偏離了，就再度溝通協調，修正方向。這是生活在一起、工作在一起的人必須遵守的條件，如果沒有這種修養，一定會常起爭執，吵鬧不休。

工作自在語

因人立言，那是個人崇拜，是一種迷信；因人廢言，則更是損失。所以，「依法不依人」就是一個準則。

誠意溝通，創造雙贏

爲什麼很多宗教間常會爭執不休，甚至不惜一戰護教？這是因爲每個宗教的立場不同，當只考慮到自己一方，忽略尊重對方的需求，就會產生衝突。當基本立場不同時，見解要達成一致是很困難的。

像是佛教徒和非佛教徒之間的意見就經常不同，即使同樣是佛教徒，想法也不一定相同，但是彼此在溝通協調後，就會找到交集。因爲在對談當中，一定可以發現共同利益的存在，共同利益總是重於個別利益，由共同利益著眼，共同的方向與原則也會隨之出現，如此一來，就變成六和敬的「見和同解」了。

要注意的是，溝通時的態度非常重要，也就是說，要保持一個非常開放、願意接受別人觀點的態度，而不是一味堅持己見。想要求「和」，就要採取主動，並不是要求別人來與自己相合，如果本身沒有「我願意跟你和」的誠意，對方如何與你溝通？「和」的效果也就無從產生了。有了誠意以後，還必須清楚表達自己的立場，同時也要了解對方的立場，如此就可以找到共同點；有了共同點，才能夠攜手合作；既然可以攜手合作，就一定可以互蒙其利。

就好像在職場裡，常因部門不同，所以見解、利益也都不同。例如財務部門抱怨新聞部門花錢太多，應該節省開銷，少用衛星轉播；新聞部門就會反駁說：「沒有經費，我們怎麼把新聞做好？」在這種情況下，想要達成見和同解就必須雙方配合，彼此做到不讓對方爲難才可以，否則工作便無法進行。新聞部要考慮到財務部有一定的預算，財務部也要爲新聞部著想。考慮愈多，潛力愈會被激發出來，在精打細算的情形下，運用頭腦及人際關係，才能做出最好的新聞效果，這就是用智慧創造了雙贏。

和平與戰爭一樣都是求和的手段，但是求和的眞正目的是希望達到彼此的合作、和談，而不是用武力壓制對方，再命令對方對自己言聽計從。武力壓制的結果，短時間內也許是敢怒而不敢言，但是只要一等到機會，就會馬上起而反抗、倒戈相向。所以，一定要爲他人的利益設想，在「爲你好」的情況下才能夠達成求和的目的，如果只爲自己著想，那是永遠都不和的。

工作自在語

有了誠意以後，還必須清楚表達自己的立場，同時也要了解對方的立場，如此就可以找到共同點。

利和同均

六和敬中的「利和同均」，講的是均等、公平的原則，可以幫助團體化解利益衝突，讓大家有福同享。

爲什麼一般人無法利益均分呢？首先就要釐清一般人對「平等」的錯誤觀念。利益的平等不能夠一刀砍平，變成齊頭式的均等。在民主社會裡，每個人所得到的教育訓練機會是均等的，只要憑著個人的能力、智商，就能夠進入好的學校，找到好的工作，擁有較好的生活環境品質。有時明明兩人的ＩＱ差距不大，可是其中一人就是福報不夠，或是不善與人相處，缺乏良好的人際關係，發展的結果當然就會不平等。因此，機會和基礎是平等的，但是發展卻不能平等；人格是平等的，但是人的地位也沒有辦法平等，這是因爲各有各的能力、因緣、福報與智慧，不同的因素會形成種種差別。

釋迦牟尼佛有個比喻：下雨時是普遍、均等地落在地面，可是地面上的草木所受到的滋養程度，卻不一樣，例如小草就沒有辦法接受太多的雨量，但是大樹靠葉子就已經可以接收很多雨水，更何況是埋在土裡的樹根呢？我們不能因爲這樣就責怪老天爺不公平，埋怨它給大樹的雨量多，給小草的雨量少。大自然是完全平等的，只因爲地球上的植物各有各的不同需求，對雨水的容納量大小有異，所接受到的雨量也就不同。

同樣的道理，就人來說，基本上利益是普遍均等的，但是隨著個人器量大小不同，接受的程度也就有多與少的差異。例如，有的人用腳踏車當做交通工具就足夠了；有的人則覺得騎腳踏車太慢了，必須以汽車代步；有的人不只要用汽車代步，而且還必須是名車，否則會覺得無法與他的身分地位相配合。這種情形，你能說是不平等、利益不均嗎？這不是享受的問題，而是你有多少能力，就能夠運用多大的環境和能源，基本上這還是均等的。

所以，在工作場所中，公司長官也許看得很清楚，某人的能力比較強，應該加薪；某人很認眞，表現得很好，所以這次應該讓他升級。可是同事之間卻不這麼認爲：「爲什麼他加了薪，我卻沒有？太不公平了！」從自己的角度來看，這不是利和同均，利益衝突就因此產生了。這是因爲彼此立場不同的關係，如果能綜合三方面加以考慮：先爲長官、爲被加薪的人設想，再爲自己著想，就會比較客觀一點。

然而也有可能陞官的同事是因爲很會逢迎、很會做表面工夫，而如此的陞官，還值得羨慕嗎？正直的人是不會羨慕這種人的。如果眞的遇到喜歡聽人奉承阿諛，愛用小人而不用君子的長官，你有兩條路可以選擇，要不就是換個長官，要不就得認命，這是自己的福氣不夠，雖然樣樣都行，但是時運不濟，所以只好認命。所謂認命就是消極宿命嗎？不然，只要有機會轉換工作，還是可以及時把握，換個環境重新出發，另創人生新局面。

工作自在語

機會和基礎是平等的，但是發展卻不能平等；人格是平等的，但是人的地位也沒有辦法平等，這是因為各有各的能力、因緣、福報與智慧，不同的因素會形成種種差別。

利益為大家所共有

六和敬的「利合同均」可以從兩方面來說，一個是制度層面，另一個是倫理層面。從制度層面而言，在這個制度之下，一切東西屬於人員、團體所共有，例如一個經營成功的公司，應該讓員工成爲公司裡的持股人，也就是股權所有人，所有的員工每年都可以分到股息或者是紅利，如此公司經營得愈好，員工拿到的錢愈多，將會帶動全公司的士氣。不過隨著每個人的職務、能力，以及對公司奉獻的差異性，得到的股份權利、持股就會有所不同，獲得的利益也不一樣，但這還是利和同均的有利共享。

又例如，中國古代社會裡的大家庭，常有五代、六代，甚至七代同堂，那麼大的一個家族裡，財產基本上是共有、共享的，媳婦、兒媳婦、孫媳婦都各有各的私房，各有各的權益，在他們自己的私房裡，還是可以享有自由；不過，其中也有一點點差別，父親、兒子的權勢會比較大，媳婦則小一點。中國社會的男女地位不平等由來已久，或許這是因爲過去男人在外要交際應酬，所以用錢用得比較多，女人主內就用得少一點，就權利、利益來說，這樣的情況不能說是不均等。

再者，目前世界上可以分成共產主義與資本主義兩大陣營。在資本主義國家，資本愈多的人，享受得愈多；而在共產主義統治下，財產全部共有，表面上是完全平等。過去五十年來，兩派主義南轅北轍、水火不容，但是到了今天，這些觀念都在轉變當中，資本家的享受不再那麼奢侈，他們的財產雖然是個人所擁有，實際上是爲社會大眾管理，並不是由他一個人獨自享受；共產主義方面，也逐漸出現資本主義的色彩，兩種主義漸漸地靠攏，有點找到交集了，這也證明佛教所講的「利和同均」能符合人類共同的價值。

利和同均並不是共產主義齊頭式的平等，也不像資本主義是完全私有制。在現代社會中，有抱負、有遠見的企業家，不應只是爲了讓自己富有而賺錢，或是爲了讓後代子孫衣食無憂而經營，大企業家們應該要有利和同均的理想和理念，才能夠把事業經營出大格局。

至於利和同均的另一意義則是屬於倫理、道德的。有些人的能力很強，相對地，他所能爭取到、得到的就一定很多，多到他自己一個人，甚至是一整個家族都用不完，因此他應該適當地處理財產，取之於社會，用之於社會，捐給教會、非營利事業團體，或是投注在社會福利上，而這種把財富回饋於社會的做法，是另一層次的利和同均。這一種倫理層面的利和同均，可讓我們的社會更和諧美滿。

工作自在語

有抱負、有遠見的企業家，不應只是為了讓自己富有而賺錢，或是為了讓後代子孫衣食無憂而經營，大企業家們應該要有利和同均的理想和理念，才能夠把事業經營出大格局。

戒和同修

一般人都害怕被戒律約束，一聽到戒律、清規等名詞，心裡都會有點排斥。其實「戒」是一種止惡成善的生活規範。戒有不同的層次，什麼樣地位身分的人，就遵守什麼樣層次的生活規範。六和敬中的「戒和同修」，則可以在社會團體或公司企業中，產生良好的規範力量。

例如初學佛者要受五戒：不殺人、不偷盜、不邪淫、不妄語、不飲酒，全都是爲了避免他人受到損失。遵守這些戒條並不是什麼特別困難的事，而是對正常生活的保護，是個人健康生活的原則，也是基本人格的養成，每一個人都有義務要遵守。如果是出家人，戒律就更多一些，因爲出家人有出家的生活方式，在家人可以結婚，出家人不行，就應該守不婚戒，以不結婚爲原則；出家人和在家人還有一個特別不同的地方，就是財產方面，在家人不能沒有財產，出家人則是把自己奉獻給眾生，所以不需要擁有私人財產。

就一般團體來說，童子軍有童子軍守則，軍人有軍人守則，這就是戒律。因此，在工作場所中，大到一間公司，小到一個精簡的家庭工廠，都要有員工必須共同遵守的規範，假如一個工廠裡沒有作息的規則，也許一時之間還能維持，但是分工不平均，時間久了以後，問題便會接踵而至，直至不可收拾。

因此，家庭沒有家規也會一團亂，雖然沒有明文規定的夫妻公約，但是夫妻兩人生活在一起，相處一定要有默契，太太要像太太，丈夫要像丈夫，各守本分，各盡其責，這就是規律、戒律。如果沒有默契，彼此都不遵守共同規約的話，一定會發生摩擦，導致無法在一起生活，最後只有分道揚鑣一途。

大家如果能共同遵守團體規約，就能和諧相處，這是一種非常簡單而且有共同性的社會需求。擴大來講，就是「法律之前，人人平等」。法律就是現代人的共同規則，違背這個規則就是違法，違法的話就會傷害到他人，任何人都要受罰。

戒律不是由一個人制訂的，而是大家一起認定的共同公約，例如佛陀時代，釋迦牟尼佛適應當時的需求，訂出這樣的一個戒律，制訂以後因為環境、時代、人事的變遷，戒條仍可以再修訂，如果有人不遵守大家一致通過的戒律，這個人就不能夠享有團體裡的任何權利。

在僧團中制訂的是戒律，而在一般社會團體或公司行號，要怎麼做到戒和同修呢？以憲法來說，憲法是由制憲小組討論、研議，然後擬定草案，再經由國民大會通過制訂。一般團體也可以比照這個方法，先由小組或個人研擬出草案，期間所有成員都可以提出修正的意見，最後經過大家認同、通過以後，就是這個團體的共同規範，全體人員就應該共同遵守，如此便是做到戒和同修了。

工作自在語

大家如果能共同遵守團體規約，就能和諧相處，這是一種非常簡單而且有共同性的社會需求。

了解共識

有些人做事喜歡「唱高調」，雖然很希望透過理想願景博取大眾的信任，但是如果僅僅是喊出一句口號，卻沒有實質內容、具體行動，不符合大家的共同需求，不但打動不了人心，也無法取得他人的認同，更不用說是要形成相同的想法與觀點，這就不是共識，只是流於形式的口號，並不具任何意義。

眞正的共識，想法一定不是建立在個人的需求上，也不僅止於提倡一句話或是一個觀念。共識的形成，是因爲大家生活在同一個環境中，發現有共同的需求以後，有人把它提議出來，讓大家能夠了解，感覺到確實有迫切的需要，進而認同、相信，這才能稱爲共識，否則各說各話，其心各異，便不能達成共識。

同時，共識必須具有一股安定的力量，使得大家能夠心安理得，繼續不斷地求進步，所以共識應該是原則性的，而不是一則則的條文，鉅細靡遺地規定每件事情該如何做。換句話說，共識是一個大原則，但是在此原則之下，允許不同的做法，否則共識就成了一種綁手綁腳的束縛，不但無法達成共同的目標，反而會造成分裂失和。

不過，當一句話或者是一個理念被提出以後，因爲每一個人的成長文化、知識背景都有差別，立場、立足點，甚至連宗教信仰都有差異性，所以對所主張的內容解讀就會不一樣。譬如談到「宗教信仰」一詞，從佛教徒的角度來看，馬上會聯想到佛菩薩、三寶；猶太教徒想到的則是耶和華；基督教徒想到的是耶穌基督、上帝；穆斯林所想的內容則是穆罕默德、眞主阿拉。

因此，雖然社會上有不少人呼籲每個人都要有宗教信仰，大家也覺得有宗教信仰是好的，的確有這個需要，有不少人看起來好像是有了共識，其實每個人都有不同的理解、解釋，加上立場、需求不一樣，所以造成「他有他的宗教信仰，你有你的宗教信仰」的現象，這是因為共識之中有不共識，有異解、異議在裡面。

相同的道理，同一個家庭想要取得共識，也是一個不容易達成的目標，譬如教育子女是父母親相當關心的問題，但是對於教育方法，父母雙方很可能就會有截然不同的認知，在互持己見之下，便很難達成共識。

就以體罰為例，中國的傳統社會，只要小孩子調皮，父母一定都是家法伺候，打幾下手心是正常的事，可是現在有人主張，小孩不能重打，以免把他打傷，也有人完全反對體罰，主張不管輕打、重打，對小孩的自尊心都是傷害，最好是用愛心，用溝通交談的方式替代打罵，即使父母、老師都不可以責打小孩。如此一來，教育觀念沒有交集點，教育小孩的共識就不容易產生。

雖然共識不容易產生，但是生活在同一個時代、社會環境之下的居民，或者是生活在同一屋簷下的家庭成員，仍然必須不斷地提醒自己要有耐心，才能促成共識出現。

工作自在語

共識是一個大原則，但是在此原則之下，允許有不同的做法，否則共識就成了一種綁手綁腳的束縛，不但無法達成共同的目標，反而會造成分裂失和。

國家圖書館出版品預行編目資料

工作好修行：聖嚴法師的38則職場智慧 / 聖嚴法師著. -- 初版. -- 臺北市：法鼓文化, 民97.08
面；公分. --(人間淨土；18)

ISBN 978-957-598-437-3(平裝)

1.佛教修持 2.職場成功法

225.87　　97013568

人間淨土 18

工作好修行

——聖嚴法師的38則職場智慧

法鼓文化

著者／聖嚴法師
出版／法鼓文化
總監／釋果賢
總編輯／陳重光
編輯／李金瑛
封面設計／林世鵬
內頁美編／連紫吟、曹任華
地址／臺北市北投區公館路186號5樓
電話／(02)2893-4646　傳真／(02)2896-0731
網址／http://www.ddc.com.tw
E-mail／market@ddc.com.tw
讀者服務專線／(02)2896-1600
初版一刷／2008年9月
初版二十刷／2022年12月
建議售價／新臺幣180元
郵撥帳號／50013371
戶名／財團法人法鼓山文教基金會—法鼓文化
北美經銷處／紐約東初禪寺
Chan Meditation Center (New York, USA)
Tel／(718)592-6593
E-mail／chancenter@gmail.com